JN037937

韓国軍はベトナムで何をしたか

村山康文
Murayama Yasufumi

小学館新書

はじめに

二〇二一年三月、韓国社会に激震が走った。

ベトナム戦争に参戦した韓国軍が現地で犯したとされる加害行為について、韓国の大法院（日本の最高裁にあたる）が、韓国の情報機関、国家情報院（国情院。韓国版ＣＩＡともいわれる）に、情報公開を命じる判決を下したのだ。国情院側も判決に従うと表明したことで、長年、ベトナム戦争における韓国軍の加害行為を〝歴史のタブー〟として封印してきた韓国政府が方針を変えたのでは、と大きな注目を集めた。

情報公開を求められた資料は、ベトナム戦時下、韓国軍らが作戦を展開していた中部クアンナム省のフォンニ村・フォンニャット村で、民間人七四人が犠牲となった事件に関するもの。韓国中央情報部（国情院の前身）が当時の軍幹部を尋問した調書と報告書だ。この資料について、事件のベトナム人被害者らを支援する韓国の弁護士団体「ベトナム戦争当時の韓国軍による民間人虐殺真相究明のためのタスクフォース」（民弁ベトナムTF。民弁は、民主社会のための弁護士会の略）が、二〇一七年八月に情報公開を求めていた（＊1）。

ベトナムが南北に分かれて戦った戦争は、多くの国々が関わった国際的な戦争だった。社会主義を掲げたベトナム民主共和国（北ベトナム）には、旧ソビエト連邦や中国が側面支援を行い、ベトナム共和国（南ベトナム）には、アメリカをはじめ、韓国や台湾などが支援をした。なかでも、アメリカに次いで多くの兵士を送り込み、南に軍事援助をしたのが韓国だった。

韓国軍のベトナム派兵は、ベトナム戦争前から議論されており、一九六一年一一月に韓国の国家再建最高会議議長に就任した朴正熙《パクチョンヒ》が、朝鮮戦争で疲弊した韓国経済を回復させるべく、「派兵の見返りに外貨を獲得する目的」で、アメリカに持ち掛けた結果とされる。そのおよそ三年後の一九六四年九月、非戦闘先遣部隊が送り込まれた。

開戦後、戦況が悪化していくにつれ、韓国は戦闘部隊を次々と投入。一九七三年の韓国軍撤退までに延べ三〇万人以上の兵士を送り込んだ。主にベトナム中部の主要都市に駐屯した韓国兵は、親北ベトナム勢力として各地でゲリラ活動を行っていた南ベトナム解放民族戦線（ベトコン）掃討を任務としていたが、作戦中、一部の韓国兵らは現地の民間人を巻き添えにしたと言われている。

そうした韓国軍による〝加害〟とは、一体どのような事件だったのか。

ベトナム戦争の終結は一九七五年だが、当時韓国で軍事政権を敷いていた朴正熙時代はもちろん、一九八七年の民主化以降も、全斗煥《チョンドゥファン》、盧泰愚《ノテウ》両大統領がベトナム参戦軍人だったことも影響してか、ベトナム戦争での韓国軍の〝加害〟について論じられる機会は、メディアはもちろんアカデミズムの世界でも皆無と言えた。関係者は一様に口をつぐみ、公式には、一九九八年に大統領に就任した金大中《キムデジュン》がベトナム訪問時に、韓国大統領として初めて、「不本意ながら、過去の一時期、不幸な時期があった」と謝罪したくらいだ。

韓国の参戦軍人らは「殺害したのは民間人ではなく、ベトコンだった」と口を揃えて言うが、それは真実なのか。ベトナム現地では、韓国軍が殺害したのは罪のない村人らで、韓国軍の行為は非人道的な所業だとして語り継がれている。

いまだその全容は明らかではないが、近年、少しずつその詳細が伝えられはじめた。

韓国で事件が最初に表面化したのは、ベトナム戦争終結から二五年近く経った一九九九年五月のことだった。ベトナム史研究のためにベトナムの大学院に留学中だった韓国の新聞社・ハンギョレの女性通信員、具秀姃《クスジョン》氏が、ベトナム共産党政治局のベトナム戦時下で起きた韓国軍の残虐行為に関する内部資料を入手。その資料と、ベトナム中部のニントゥアン省ファンラン市で事件に遭遇した僧侶の生々しい証言を元に、同社が発行する週刊誌『ハンギョレ21』に「ああ震撼の韓国軍！」（一九九九年五月六日、第二五六号）という記事を発表する。これにより、多くの韓国国民が初めて事件を知ることとなり、社会に大きな衝撃を与えた。

その後、具秀姃氏は資料を手掛かりに事件が起きたとされるベトナム中部五省の九県、一三社（社はベトナムの行政区画単位）の現場で、一〇〇人以上の被害者らの聞き取り調査をする。同年九月二日発行の『ハンギョレ21』では約二〇人の被害者らの証言を交えながら事件の全容を解説した「ベトナムの冤魂《えんこん》を記憶せよ」という特集記事が組まれ、記事掲載後に始まった募金活動と合わせて、のちに「ベトナムキャンペーン」（＊2）と呼ばれる運動が開始された。運動の当初の目的は、事件があった地域に学校を建設するとし、募金の目標金額を最低一億ウォン（約九四〇万円。換算レートは当時）に定めた（＊3）。

ところが、翌二〇〇〇年六月二七日、キャンペーンに反発した元韓国軍兵士らが、記事を掲載したハンギョレを襲撃する。デモに参加した二〇〇〇人を超える元兵士らは「ハンギョレは、まるで参戦軍人が故意にベトナム民間人を殺害したかのように報道し、国のために命を捧げた戦友らの人格を否定した」と主張。次々と社屋に侵入し、新聞発送用のコンベアやエレベーター、パソコン、地下にあった社用車など二一台を破壊した。さらにオフィスにあった資料の束に放火し、大騒動となった（＊4）。

冒頭で述べたように、二〇二一年三月の大法院判決による国情院資料の開示命令は、これまで述べてきた問題に新たな動きをもたらすものと思われた。しかし、翌四月、判決に従って国情院が公開した資料は、フォンニ村・フォンニャット村で起きた民間人殺害事件に関わった可能性のある韓国軍青龍部隊（大韓民国第二海兵旅団。以下、青龍部隊）の小隊長三人の名前と、調査当時に彼らが住んでいた地域名だけ。マイクロフィルムに残されたハングル一五文字のみだった。

それでも民弁ベトナムTFの林宰成《イムジェソン》弁護士らは、「『民間人虐殺』の情報を韓国政府が保有していることを初めて確認できた」と評価。そのうえで、韓国政府が調査し、保有する記録の一切を公開するように再度要求した。しかし国情院は「情報公開訴訟の判決を通じてすでに提供した」とし、事実上、事件に関連する情報の公開を拒んだ（＊5）。

話はそれで終わらない。この情報公開裁判と同時期、フォンニ村・フォンニャット村で事件に遭遇した被害者のひとり、グエン・ティ・タンさん（五五歳＝二〇一五年六月時点）が、当時の被害について韓国政府に損害賠償を求めた裁判も進行していた。

二〇二一年一一月一六日、その裁判の証言台に、事件の〝当事者〟が立った。『韓国日報』によると、ソウル中央地裁で開かれた第四回口頭弁論に、ベトナム戦争中にフォンニ村・フォンニャット村があるクアンナム省に駐留していた青龍部隊の元兵士、リュ某氏が出廷。「当時、韓国軍は民間人とみられる現地人を大量に殺害した」と証言した。「戦争がいかに悲惨であるのかを世界中に知らせたかった」という。ベトナム戦争に参戦した韓国軍元兵士が事件について法廷で証言するのは、これが初めてだ（＊6）。

当初、リュ某氏のこの行動に対し、ベトナム戦争中の軍による民間人殺害について否定している韓国の保守系団体や参戦軍人会などによる猛反発が懸念されたが、思ったよりも韓国社会に与えた影響は少なく、証言後、二〇二二年五月末までに新たな動きはみられなかった。

なぜ今になって、ベトナム戦争当時のことが韓国の裁判で争われる事態になったのか。

韓国とベトナム両国では、ベトナム戦争終結から四〇年という節目を迎えたこともあり、二〇一五年から二〇一六年にかけて、事件の被害者支援・救済の動きが活発化していた。あるベトナム人被害者をモチーフに制作されたと思われる「ベトナムピエタ像」の設置運動や、事件を経験した生存者の証言がベトナムの『トイチェ新聞』で連載されるなどした。

それと同時期に、韓国の知識人やNGO（非政府組織）などが、「戦争犯罪に対して日本に真の謝罪を求めるのならば、まずは韓国がベトナムに謝罪しなければならない」と主張し始め、「事件の真相を究明する」という本来の目的から逸脱した見解が出てきた。

事件被害者らの支援を目的として二〇一六年九月に発足した「韓国・ベトナム平和財団

〈韓べ平和財団〉」の理事長を務めるカトリック済州《チェジュ》教区長のカン・ウイル司教が、『ハンギョレ』のインタビュー記事で、次のように述べている（二〇一六年一〇月四日付）。

〈歴史を振り返ってみると、これまで私たちは外勢（外国の勢力）に絶えず侵略され、踏みにじられ、人権を奪われて生きてきました。そうした経験を持った私たちも、似たような過ちをベトナム人に犯したということを認識して謝罪する時、日本や他の国が私たちに犯した罪に対して謝罪しろと叫ぶ資格が生まれるのではないでしょうか〉（丸括弧内引用者＊7）

カン・ウイル司教がインタビューに答えた翌年、民弁ベトナムＴＦが前述の情報公開請求を起こす。民弁ベトナムＴＦが事件の情報開示を求めたのは、そうした動きの延長線上にあるのかもしれない。

私はこの二〇年以上、フォトジャーナリストとしてベトナムを追い続けている。きっかけは、報道写真家・石川文洋《いしかわぶんよう》氏との出会いだった。

高校中退後、荒《すさ》んだ二〇代を過ごしていた私は、いつも大切な物事から逃げてきた自身の生き方が嫌になり、新しい活路を求めて二八歳のときに大学入学資格を取得する。その翌年、大学の夜間コースに入学し、教授の紹介で、ベトナム戦争中、米軍に従軍し、戦場の現実を撮り続けた文洋氏に出会った。そして、一九九八年九月、文洋氏が引率するベトナムツアーに参加する。これが私の初めてのベトナム渡航となった。

文洋氏の作品のひとつに「飛び散った体」がある。戦闘でぐちゃぐちゃになった解放軍（ベトコン）兵士の死体を手に吊り下げて持つ米兵の写真だ。「戦場での残虐な殺し合いを目の前で見てきた人なのに、なぜこんなにも優しくいられるのか」。ツアー中、ホーチミン市の戦争証跡博物館で当時を思い出しながら写真の解説をする文洋氏のににじみ出る優しさに触れたとき、私はそう感じた。

ツアーを終えて帰国した私は、ベトナムという国に興味を持ち、ベトナム関連の書籍を読み漁った。しかし二〇〇〇年代初頭のベトナムの情報は、「ベトナム戦争」と「観光情報」に関するものがほとんどで、私が目《ま》の当たりにした「ベトナムの日常」——異臭が漂うゴミ溜めのような街や、麻薬中毒で路上に倒れている人がいる現実——とは大きくかけ離れていた。そこに違和感を覚えた私は、その後、年に二、三度ベトナムに渡航し、貧困問題やＨＩＶ／ＡＩＤＳなどの社会問題を主に追いかけるようになった。枯葉剤被害者など、戦争で心や体に傷を負った被害者らのインタビュー取材もしてきた。

ベトナムの社会的弱者とされる人びとに話を聞いているとき、なぜだか自分の辛かった過去がよみがえることがあった。しかし彼らは、苦しい生活を送っているはずなのに、キラキラとした「吸い込まれるような笑顔」を私に向けた。これは辛くて笑えなかった過去の自分とは大きく違っていた。

これらの出会いと経験に背中を押され、私はフォトジャーナリストの道を歩み始めた。ジャーナリストとしていつも悩ましかったのは、取材対象者との距離感をどう保つかという点だった。私は、徐々に「取材対象者の人生をともに背負う覚悟でいたい」と思うようになった。五〇年以上にわたってベトナムと関わり続けている文洋氏から学んだ、「一度関わったからには、責任をもつ」との教えを守りたかったのだ。

「文洋さんのような優しい人になりたい」。それが私の人生の目標のひとつとなる。そうして、私とベトナムとの関係が始まり、次第にベトナム取材へとのめり込んでいった。

ベトナムでの取材を繰り返すなかで、ある日、ベトナム中部クアンガイ省のソンミ証跡地区（ベトナム戦争の痕跡を後世に伝える保存地区。Khu chứng tích Sơn Mỹ）にある歓迎博物館（Đón tiếp museum。別称：ソンミ博物館）を訪問中、館長を務めるファム・タイン・コン氏（二〇二一年七月時点では前館長）から、こんな話を聞いた。

「ベトナム戦争中、民間人を殺害する事件を起こしたのは、米軍だけじゃないんです。韓国軍もまた、中部のあちこちで多くの民間人の命を奪いました」

それは、私が最初にベトナムの地を踏んでから一〇年が過ぎた二〇〇八年のことだった。

このコン氏の言葉がきっかけとなり、私はベトナム戦争中に韓国軍が引き起こした事件の取材をしようと思った。ソンミ村での事件（第一章で詳述）をはじめ、米軍によるベトナム民間人の殺害事件は報道やノンフィクション作品などで広く知られていたが、韓国軍によるそれはあまり知られておらず、歴史の闇の彼方にあった。

実際、取材を始めたころには事件の情報は日本にほとんど伝わっておらず、手探りの取材となった。インターネット上にあったわずかな記述を頼りに、事件が起きたとされる現場に足を運び、村々で「草の根」の聞き取りを続けた。ベトナムの各地域にある人民委員会などの地方行政機関に頼めば情報提供をしてくれたりもしたが、政府側の案内役が付くことで、事件の当事者らが口をつぐむことを過去の経験から知っていた。そのため、私はあえて案内役を付けずに現地に潜り込み、本音で話す被害者らの証言を記録した。

これまでにベトナムのメディアや外国人ジャーナリスト、研究者らの調査がいくつか実施されたが、前述の具秀姃氏の調査によると、事件は当時の南ベトナムで八〇件余り起き、犠牲者は九〇〇〇人以上とされている（＊8）。

そして事件に関する私の取材は、二〇二一年現在で、足掛け一三年になる。ベトナムに一六回、韓国に一〇回足を運び、約三〇人のベトナム人被害者、二〇人余りの韓国軍元兵士らから話を聞いた。

すると、当事者である「事件に遭遇した被害者」や「加害者とされる人」だけではなく、「被害者らを支援し、事件を追及する人」や、韓国とベトナム両政府などあらゆる立場の人が関わり、それぞれの思惑が交差する実態が見えてきた。また、韓国ドラマに熱中するベトナムの若者のなかには、「事件は昔のことだ」と、まったく興味を示さない人もいた。

そして、日本においても、この問題を利用して韓国に対する日本の加害の歴史を正当化し、または免罪符にしようとする人も見られた。

日本は、一九一〇年から終戦の一九四五年までの間、朝鮮半島を植民地にしてきた。戦後、慰安婦問題などがニュースで取り上げられるたび、マスメディアやSNS上などで議論が再燃するが、近年は「韓国もベトナムで同じようなことをしたではないか」と、ライダイハン（韓国人男性とベトナム人女性の間に生まれた子どもの蔑称）問題やベトナム戦争時の民間人殺害事件が引き合いに出されることがある。しかし、慰安婦問題は、日本が朝鮮を植民地化していたところに戦争状態が合わさって起きた複雑な問題だ。ベトナム戦時下の、戦場の狂気のなかで、韓国軍が行った事件と同列に扱える問題ではない。それぞれが別の加害と被害であり、同様に論じるべき問題ではないと、私は考えている。


今まで私が積み重ねてきた事件の記録は、インターネットや雑誌記事のほか、写真展などで紹介する機会があったが、今回のように長文にまとめるのは初めてのことだ。

この記録は、数年前に日本の書店の一画を賑わせた、いわゆる嫌韓本のような目的でまとめるものではない。日々上書きされる「歴史」のなかで、半世紀ほど前にベトナム戦時下で起きた民間人殺害事件の、薄れゆく記憶を記録したものだ。約一三年かけて集めてきた貴重な証言の数々を埋もれさせてはいけない。それが、本稿をまとめる動機となった。

ベトナムで起きた民間人殺害事件では、少なくとも九〇〇〇人の罪もない人びとが殺されたとされるが、半世紀以上経った今でも事件の詳細は分かっていない。

同じ過ちが繰り返されないためにも、悲惨な事実をありのままに知って欲しいと筆を執っていた矢先の二〇二二年四月上旬。ウクライナに軍事侵攻をしたロシア軍が、首都キーウ近郊のブチャなどで民間人を大量に殺害したというニュースが流れ、コンビニエンスストアの新聞ラックには「虐殺」という文字が並んだ。

――また繰り返されてしまった。私は呆然《ぼうぜん》とし、絶望感に苛《さいな》まれた。

世界がグローバル化した昨今、戦争によって人びとの生命が脅かされ、奪われる実情は、決して遠い国の出来事ではない。一刻も早く戦争が終結し、安寧な世界に戻ることを願わずにはいられない。

私が手探りで集めてきた証言を今こそ、伝えたい。本稿に登場するベトナムの事件当事者らの悲痛な思いを共有し、「声なき声」に耳を傾けてもらいたいと願う。

韓国軍はベトナムで何をしたか

目次

本書に登場するベトナムの主な地名

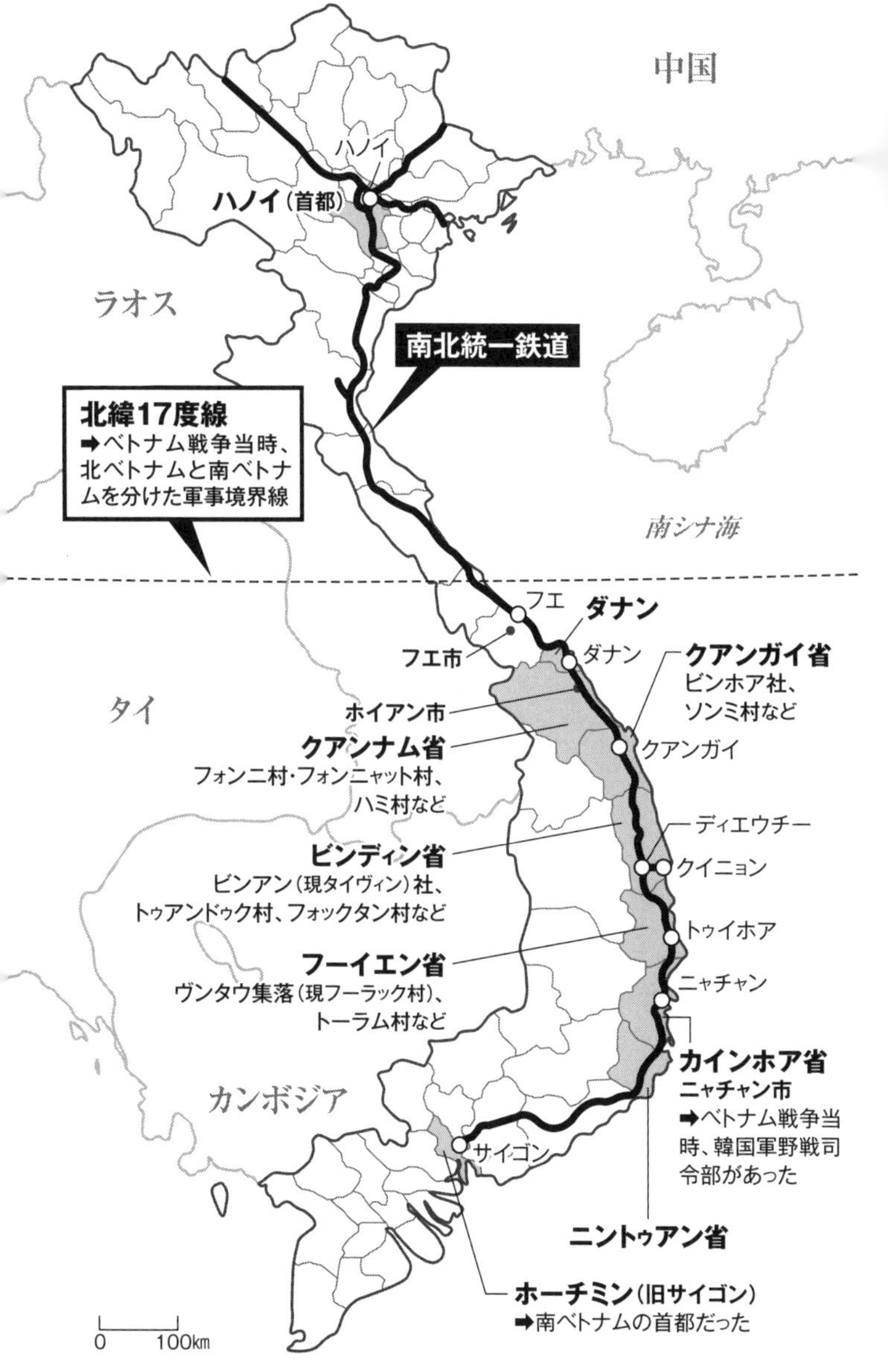

中国
ハノイ
ハノイ（首都）
ラオス
南北統一鉄道
北緯17度線
➡ベトナム戦争当時、北ベトナムと南ベトナムを分けた軍事境界線
南シナ海
フエ
ダナン
フエ市
ダナン
クアンガイ省
ビンホア社、ソンミ村など
タイ
ホイアン市
クアンナム省
フォンニ村・フォンニャット村、ハミ村など
クアンガイ
ディエウチー
ビンディン省
ビンアン（現タイヴィン）社、トゥアンドゥク村、フォックタン村など
クイニョン
トゥイホア
フーイエン省
ヴンタウ集落（現フーラック村）、トーラム村など
ニャチャン
カインホア省
ニャチャン市
➡ベトナム戦争当時、韓国軍野戦司令部があった
カンボジア
サイゴン
ニントゥアン省
ホーチミン（旧サイゴン）
➡南ベトナムの首都だった
0 100km

【凡例】

●仮名の場合のみ名前の後ろに（仮名）を付けた。
●年齢はすべて取材時。年齢のあとに取材年月時を入れた。
●年齢に関して。ベトナムは戦時下の徴兵逃れや貧困のために出生届が遅れる場合がある。また、お年寄りの場合は年月日が不確かなこともあり、取材対象者が発言したものを掲載しているケースがあるが、すべて年齢の後ろに（　）で「人民証明書〔ＩＤ〕よる」などの断りを入れた。月日が不明な場合は取材対象者の出生年のみを表記。また、本稿は満年齢を使用した。韓国やベトナムでは数え年を使用するケースがあるため、現地紙などの表記の年齢とは違いが生じている箇所がある。
●年号は新暦。旧暦を使用する場合は年号の後ろに（旧暦）を付けた。

●ベトナムの行政区画単位は、基本的に二〇二一年七月時点の単位で表現。区画単位でベトナム戦争当時もしくは変更前のものを使用する場合は（現〇〇）と後ろに表記。

●ベトナムの行政区画単位の日本でいう都道府県、市町村等の表記は市、省、郡、町、社（Xã：政府が設けた小規模の行政区画である行政村の呼称）、村（Làng, ấp, Thôn, Xómなど：自然村の呼称）、部落・集落／地区（区）で表記した。自然村のXómはThônに属している場合のみ「集落」と表記した。「自然村」に関しての単位がベトナム語では多く存在するが、一括して「村」と表記した。

●ベトナムの人名、地方名等の「V」は「ヴ」を使用し、「B」は「バ行」を使用した。

●ベトナム現地通貨（ドン）の円換算表示は、1万ベトナムドン＝約66・3円（2008年7月時点）から算出した。

第一章

よみがえるベトナム戦争

憎めない男

「アイ・アム・エロザムライ（エロ侍）」——自らそう名乗る初老のアメリカ人は、いささか変わり者ではあったが憎めない男だった。

彼に初めて出会ったのは、夏真っ盛りの二〇一二年八月初旬のこと。場所は京都の繁華街、河原町通《かわらまちどおり》の外れにあるアイリッシュパブだった。東西に走る御池通《おいけどおり》に面したエントランスは、本場のパブに来たかのような本格的な造りで、店先のスピーカーから流れるアイルランド音楽が辺りに響き、さらに雑多な異国情緒を醸《かも》し出している。

店内にはカウンター八席と、輸入ワインの樽をテーブルに仕立てたボックス席が並ぶ。二階にはパーティーなどで使用できるスペースやオープンテラスもある。連日、常連客や仕事帰りのサラリーマンらで賑わい、京都在住の外国人や旅行者なども交じって楽しく酒を酌み交わす大人の社交場だ。

その日は、店内がいつにも増して賑やかだったのを覚えている。エントランスの重い扉を開けると、いきなり楽しそうなはしゃぎ声が飛び込んできた。奥のテーブルに、数人の欧米人がたむろしている。私は彼らのはしゃぎ声を背に、レジスターそばのカウンター席を目指した。席に着くと、いつもの黒ビールとソーセージを注文し、代金を支払った。

キャッシュオンスタイルの店のため、レジスターの脇に座った私の横には、次々と客が来る。

そこに外国人の彼が来た。細身で背が高い。スキンヘッドだったが人相は柔らかく、少年のように澄んだ瞳をしていた。年のころは六〇代前半だろうか。

支払いを済ませた彼は、ビール片手にもう一方の手で、私の傍らにある一眼レフカメラを指差した。

「良いカメラ持っているじゃないか。何を撮るんだい？　街並みか？　物か？〝女〟か？ハハハ……」

英語でそう軽口を叩いた彼の言葉に嫌味はなく、親しみさえ感じた。

「今日は街角のスナップ写真を撮っていました。専門はベトナムなんですけどね」

「ベトナム？」

瞬く間に彼の笑顔は固まり、体が一瞬震えたようだった。私は彼の変容に気付いたが「何か理由があるに違いない」と思い、黙っていた。

すると彼は、私の目を見てゆっくりとつぶやいた。

「実はな。オレはベトナムに行き損ねた元マリーン（海兵隊員）なんだよ」

店内の喧騒が遠退《とおの》いた。まさか彼が「ベトナム」という言葉を発するとは思わなかった。それまで一五年近くベトナムの取材を続けていた私は、彼の「行き損ねた」と表現した理由が知りたくなったが、友人らとのパーティーの邪魔をしてはいけないと思い、そのまま店をあとにした。

数日後、同じ店でまた彼と出くわした。彼の話をじっくり聞いたその夜は、いつもの黒ビールの味がほろ苦く感じられたことを今でも覚えている。

彼の名前は、デービッド・ドライデン・ダフ・Jr.（六二歳＝二〇一二年八月取材時）。友人らには「デーブ」の愛称で親しまれている。一九七〇年から七一年にかけてのおよそ一年間、沖縄本島の南西部に位置する米軍基地「キャンプ・フォスター」で兵士に軍服などを支給する任務に就いていた。沖縄の米軍基地といえば、ベトナム戦争時代に出撃拠点のひとつだった場所だ。

デーブは高校卒業後、海兵隊に志願したという。米サウスカロライナ州とノースカロライナ州の新兵訓練施設で約四か月の訓練を受けたあと、八〇名の兵士の一員として、カリフォルニア州の軍事施設から南ベトナム（当時）・ダナン市にあった米軍基地に向かった。

「ベトナムに行きたかった。死に直面するということがどういうことなのか、自分の体で感じたかったんだよ」

しかし、デーブはベトナムに行くことができなかった。中継地点となった沖縄の米軍基地で五名が降ろされ、デーブはそのなかのひとりとなったのだ。「沖縄の基地で降ろされたのは、おそらく軍幹部だった父親の働きかけだったのだと思う」と回想した。

当時二〇歳のデーブが向かおうとしたベトナム戦争をめぐっては、今なお議論が尽きることはない。正式な宣戦布告がなかったため、いつ始まったかさえはっきりしないのだ。歴史を専門とする学者のなかでさえも諸説ある。ベトナム戦争の期間を、いくつかの書籍や論文を参考に整理してみる（＊1）。

ベトナムは独立をかけ旧宗主国フランスと戦った第一次インドシナ戦争の後、北緯一七度線を暫定軍事境界線として、南北に分断された。そのあとに起きたベトナム戦争（第二次インドシナ戦争）の起点としては、一九五九年五月にハノイで開催された第一五回ベトナム労働党中央委員会で決議された南ベトナム武力解放の日をあげる者もいれば、翌六〇年一二月二〇日の南ベトナム解放民族戦線（＝ベトコン）が設立された日だとする者もいる。または、第一次インドシナ戦争の休戦協定であるジュネーブ協定（一九五四年）をアメリカが無視し、軍事顧問などの増派を決めた一九六一年四月二九日と捉える者もいる（＊2）。

一般的には、一九六四年八月二日と四日に起きた北ベトナム軍の哨戒艇《しょうかいてい》による米駆逐艦への攻撃（後年、米軍による捏造《ねつぞう》と判明）、いわゆる「トンキン湾事件」が戦争の起点とみなされることが多い。他にも翌六五年二月七日の米軍による北ベトナム爆撃（北爆）開始や、同年三月二日の北爆恒常化（ローリング・サンダー作戦）があげられることもある。

そして戦争の終局は、一九七五年四月三〇日、北ベトナム軍の戦車が南ベトナム大統領府および官邸（統一会堂）に無血入場を果たした「サイゴン（現ホーチミン市）陥落」が取りあげられることが多いが、一九七三年一月二七日の「パリ和平協定調印」や、同年三月二九日の「米軍撤退完了」とみる意見もある。

そもそもアメリカがベトナム戦争に介入を始めた理由は、ベトナムでの利益追求のためではなく、世界戦略の一環だった。アイゼンハワー政権は「ベトナム全土の共産化は、ついには東南アジアの共産化につながる」という「ドミノ理論」を唱え、「共産主義の脅威」からベトナムを守らなければアメリカの世界戦略に大きな打撃があるという論理を展開した。「ドミノ理論」は、ケネディ大統領へと受け継がれていき、ついにジョンソン政権下で米軍を本格投入する「トンキン湾事件」が起きた。

先に触れたとおり、ベトナム戦争は多くの国々が関わった国際的な戦争だった。社会主義を掲げたベトナム民主共和国（北ベトナム）には、旧ソビエト連邦、中国、北朝鮮などの国が側面支援を行い、ベトナム共和国（南ベトナム）にはアメリカを筆頭に韓国、台湾、そして一九五四年に組織された反共産主義軍事同盟・東南アジア条約機構（SEATO《シアトー》）の国々が支援をした。

一〇年以上にわたり続いたベトナム戦争は、結果的に多くの戦死者を出した。報道写真家・石川文洋氏の著書『カラー版 ベトナム 戦争と平和』では、ベトナム戦争の死者を〈民間人二〇〇万人、解放軍兵士一一〇万人（行方不明者三〇万人を含む）、サイゴン政府軍兵士二二万三七四八人、アメリカ兵五万八二〇〇人（行方不明者二二一一人を含む）、支援国部隊の韓国・オーストラリア・ニュージーランド、タイ軍兵士の計五二〇〇人〉としている（＊3）。

デーブは飲んでいたビールをテーブルに静かに置き、こう怒りをぶちまけた。

「あの戦争は、罪のない多くの命と多額の金をドブに捨てた。ベトナムはもちろん、アメリカにとっても、世界中の国々にとっても、人びとはあまりに大きすぎる代償を払ったんだよ。いま思えば戦時下のベトナムに行くというのは本当にバカな考えだった。……戦争はアカン……アメリカはアカン……」

デーブとベトナム反戦運動

デーブは一九五一年、東西冷戦時代の西ドイツ（現ドイツ連邦共和国）で生まれた。当時、

「ベトナム戦争は、罪もない多くの命と多額の金をドブに捨てた」と述懐するデービッド・ドライデン・ダフ・Jr.元米兵。(京都市、2014年12月の取材時)

一家は父の仕事の都合で、母と姉も一緒にヨーロッパの国々を転々としていたという。

「オヤジが空軍の将校で、オレは結構裕福な家庭で育ったんだ。日本にも昭和のころにいただろう、仕事ばかりで家庭を気に留めないオヤジが……。幼少期にアメリカに戻ってからもオヤジは相変わらず仕事ばかりで、家ではすれ違い、気持ちの接点は全くなかったね。オレが海兵隊に志願したのは、オヤジに認めてもらいたかったのと、そんなオヤジから逃げたかったという両方の気持ちからだったのかもしれないな」

第二次世界大戦で国内にほとんど被害が

なかった一九五〇年代のアメリカは、世界経済の覇権を握り、繁栄を謳歌《おうか》した。しかし、六〇年代に入り、経済復興をし始めた西ヨーロッパや日本が台頭してくると、アメリカの地位が揺らぎ始める。また、このころには国内の貧困や人種差別などの社会問題が鮮明になり、ケネディ、ジョンソン両政権のもと、社会矛盾が国内の対立を激化させていく。

一九六三年八月、首都ワシントンD.C.にあるリンカーン記念堂の前で「私には夢がある（I have a dream）」と演説したマーティン・ルーサー・キング・Jr.牧師。アフリカ系アメリカ人の権利向上を求める「公民権運動」を指導したキング牧師にケネディ大統領は理解を示し、アメリカ社会の「白人」対「黒人」という分裂状況を改善しようと尽力した。しかし同年一一月、ケネディ大統領は南部遊説中に暗殺されてしまう。

その後、ケネディ大統領の意志を受け継いだジョンソン大統領が、翌六四年七月に人種、出身国、宗教、性別などによる差別を禁止する「公民権法」を成立させる。ジョンソン大統領はさらに、経済、社会、文化、科学などの諸分野で偉大な社会を作り上げようとする「偉大な社会政策」という国内政策構想を打ち出し、さまざまな改革を模索した。

一方、一九六五年の北爆開始で、アメリカが本格的な介入を始めたベトナム戦争は、ジョンソン政権下で長期化し、泥沼化していく。「共産主義の脅威からベトナムを守る」というアイゼンハワー以来の政策は、日々上書きされる膨大な戦費の支出と米兵の戦死者数によって、多くの国民から疑問視され始めていた。戦場の陰惨な映像がテレビで流れ始めると、学生の間で「ティーチ・イン」という反戦討論集会が始まり、アメリカのベトナム軍事介入に対する批判の声は徐々に全国へ、そして全世界へと拡大していった。

そこにベトナム戦争最大の転機となる「テト攻勢」が起きる。一九六八年一月末の旧正月「テト」の休戦期間中に、北ベトナム軍とベトコンが南ベトナムの主要都市で一斉に攻撃をしかけたのだ。結果、軍事的には北側の損害が大きく、敗北だったとされる。しかし、世界中のマスコミがテト攻勢の〝現実〟をありのままに報道した。

特に防御の固いはずの首都サイゴンのアメリカ大使館がベトコンに占拠されかけた事件は、アメリカの世論に衝撃を与え、「南側」の勝利を確信していた人びとの幻想も足元から崩れていくこととなった。

そして同年三月一六日、ベトナム中部のクアンガイ省ソンティン県ソンミ村（現クアンガイ市ティンケ社。社は行政村の呼称。凡例参照）で、米軍による民間人殺害事件が起きた。

ソンミ虐殺事件――。ソンミ村ミライ第四地区（ソンミ村の米軍の軍事作戦上での呼称）の村民五〇四人の命が奪われ、ほんの四時間ほどでひとつの村が消し去られた事件だ（＊4）。被害者のうち女性が一八二人（うち一七人が妊婦）、子どもが一七三人（うち生後五か月以内が五六人）、六〇歳以上が六〇人、残り八九人が中年だった。実行部隊を指揮していたのは、のちに殺人などの罪で軍事裁判にかけられるウィリアム・L・カリー・Jr.中尉だ。

村に入った米兵らは、いたるところで家屋や家畜を燃やし、無抵抗の村人を次々に殺害していった。ソンミ村が敵の支配下にあると見なしていたカリーの部隊は、手を合わせ命ごいする人も容赦しなかった。ある者は頭を撃ち抜かれ、ある者は銃剣で心臓を突かれたという。

のちに世界を揺るがすことになるこの事件については、当初、米軍上層部が「世論を反戦に導く可能性が高い」と事実を隠蔽《いんぺい》し続けた。事件が明るみに出たのは、発生から一年半以上が過ぎた翌六九年一一月のことだ。

しかし、ひとたび事実が発覚すると、ソンミ虐殺事件は全世界のベトナム反戦運動の

「象徴」となり、アメリカの参戦の意義を改めて問うこととなった。

激動のアメリカで青春時代を過ごし、「死に直面するということを体で感じたかった」とベトナム戦争に志願したデーブは、沖縄のキャンプ・フォスターでおよそ一年間を過ごしたあと、一九七一年一月にアメリカ本土に戻った。その後は地元バージニア州で反戦運動に加わったという。

当初は参戦したがっていたデーブが、帰国後、なぜ反戦運動に参加したのか。駐留していた沖縄で何を見て、何を感じ、何を思ったのか——。

じっくり話を聞いて以来、同じ店で幾度となくデーブに会ったが、その問いにはいつも口をつぐんだ。ただ「戦争」そのものと「アメリカ」を否定し、首を横に振りながら、関西弁で「アカン、アカン」と繰り返すだけだった。

時が止まったソンミ村

京都のアイリッシュパブでデーブと出会う二〇一二年より四年前、私はソンミ村を訪れたことがあった。きっかけはベトナム南部の大都市・ホーチミン市にある戦争証跡博物館の館長、ヒュエン・ゴック・ヴァン氏（四五歳＝二〇〇八年八月時点、二〇二一年七月時点では前館長、現アオザイ博物館館長）のひと言だった。

ベトナム戦争時代の写真や資料などが展示されている戦争証跡博物館のヴァン氏に、私は以前から気にかけてもらっている。彼女との付き合いは、ベトナムを初めて訪れた一九九八年九月に始まった。ベトナム戦争を記録し続けた報道写真家・石川文洋氏と行くツアーでのことだ。

二九歳で入学した大学在学中、教授の紹介で文洋氏を知り、その仕事ぶりに憧れた私は「ベトナムで石川文洋写真展を見るツアー」に参加した。このとき文洋氏はベトナム戦争関連の写真二〇〇枚以上を戦争証跡博物館に寄贈し、館の代表としてこれを受け取ったのがヴァン氏だった。知的で凜とした女性だ。

その年の一一月にも、私は日本でヴァン氏に会う機会があった。「平和リテラシー（平和構築のための教育）」のための平和博物館の役割などについて話し合う「第三回世界平和博物館会議」が大阪と京都で開催され、私はその会場のひとつとなった立命館大学国際平和ミュージアム（京都市）で、世界各国からの参加者らを案内するボランティアで参加していた。そこで、プレゼンターとして参加したヴァン氏と再会したのだ。

ヴァン氏は同会議の報告書のなかで、戦争証跡博物館に展示されたソンミ虐殺事件を例に取り、「『平和』博物館での戦争の『悲惨さ』の展示」について触れている。平和博物館は〈戦争の罪悪を訴え、現在の世代と次世代に目を覚まさせて戦争の本質が残酷なものだと納得させなければならない〉〈全世界の民族と国家間の友好・平和のために奮闘する〉などと記し、残虐な写真を展示する意味を述べている（＊5）。ソンミ村での事件は、ベトナム人にとっても「平和」を構築していくうえで忘れてはいけない出来事で、かつベトナム戦争の転換点のひとつとして特別な出来事なのだ。

ベトナム各地で戦争関連の取材を続けるうちに、全世界でベトナム反戦運動の「象徴」となったソンミ虐殺事件は、私のなかで避けては通れないもののひとつになっていった。

その後も、渡越するたびに戦争証跡博物館に足を運んではヴァン氏に会うようになった。そして、二〇〇五年八月の渡航時に、私はヴァン氏から「ベトナムで戦争関連の写真を撮ってていませんか？」と尋ねられ、数年間かけてベトナム各地に残る「戦争の痕跡」を訪ねて撮影した写真を見せた。これがきっかけとなり、二〇〇七年八月からおよそ二か月間、四〇余枚の私の写真を展示した特別展「ベトナム戦争の傷跡」を戦争証跡博物館で開催することができた。すべてヴァン氏のおかげだった。

戦争証跡博物館で特別展を開催した翌年の二〇〇八年三月初旬。ヴァン氏に「今月一六日、ベトナム中部のクアンガイ省にあるソンミ証跡地区で『ソンミ虐殺四〇周年追悼式典』が開かれますよ」と教えてもらった。しかしこのとき、私は帰国を間近に控えていたため、残念ながらソンミ村に寄ることはできなかった。「次に来たときに訪ねます」とヴァン氏に伝え、博物館をあとにした。「次回、ソンミ村を訪問される前には、一度こちらに寄ってくださいね。ソンミ村の歓迎博物館の館長にあなたをご紹介したいので」。ヴァン氏は私にそう声をかけてくれていたのだ。

それから約半年後の二〇〇八年八月初旬、ついに私はソンミ博物館を訪ねることができた。文洋氏と初めてベトナムを訪れてから一〇年が過ぎ、ベトナム渡航も二五回を数えていたが、ベトナム中部を訪れたのは初めてだった。日本人観光客も多く訪れるベトナム中部の観光地、ダナン市やクアンナム省のホイアン市、フエ市にさえ、私は行ったことがなかった。

ホーチミン市からクアンガイ省までの移動には、北部の首都ハノイ市と南部のホーチミン市間の一七〇〇キロメートル以上を結ぶ「南北統一鉄道」を利用した。目的のクアンガイ駅まではホーチミン市から日本の特急にあたる列車で約一四時間かかった。六人収容の

戦争証跡博物館のヒュエン・ゴック・ヴァン前館長。(ホーチミン市、2015年6月)

ハードベッド・コンパートメントにベトナム人通訳のチャン・ティエン・ダオとふたりで乗車。残り四つのベッドにはベトナム人一家が乗車していた。

ホーチミン市のサイゴン駅を出ると、線路が軋《きし》む大きな音が私の耳に飛び込んできた。ベトナムでは初めてとなる列車移動。これから向かう町のことを思うと、私の胸中では期待と不安が交錯していた。

深夜にサイゴン駅を出発した列車は定刻より少し遅れて正午ごろにクアンガイ駅に到着。駅前で通訳のダオとフーティウ（ベトナムの麺料理）をすすり、予約したホテルにタクシーで向かった。

省都クアンガイは長閑《のどか》な町だった。国道以外にはほとんど車が走っておらず、たまにすれ違うバイクも、農作業のために道路を横切る水牛に道を譲っている。辺り一面、黄金色《こがね》に実った稲穂が風に揺れ、カサカサと音を立てていた。

ホテルにチェックイン後、私は忘れないうちにカメラと、ヴァン氏に書いてもらったソンミ博物館館長への紹介状を荷物から出した。そして、休む間もなくソンミ博物館へと向かった。

二階建てのソンミ博物館は、公園のように整備されたソンミ証跡地区のなかにあった。時刻は午後二時三〇分を回っている。敷地の奥に大きな碑（虐殺慰霊碑）がそびえ立っているのが、公園の正面入口からも見えた。私はゲートのチケット売り場で館長に連絡をしてもらい、指示を待った。

しばらくすると、館長と思われる丸顔の優しそうな男性がゲートまで迎えにきて、博物館の応接室に通された。

「戦争証跡博物館のヴァン氏から聞いています。楽にしてください」と、男性は笑顔で私と通訳のダオに座るよう促した。大きなテーブルを挟んで向かい側に腰を下ろすと、男性はヴァン氏からの紹介状に目を通したあと、私の目を見て小さな声で話しはじめた。

「……一九六八年三月一六日、米軍による民間人の大量殺戮《さつりく》がこの村で起きました。すべての村民はベトコンではなく、またベトコンを匿《かくま》ってもいませんでした。それなのに米軍は村人を無差別に殺害していったのです」

話を続ける男性の顔からは、次第に笑みが消えていった。

「午前八時ごろ、九機のヘリコプターから降り立った米兵らは、いくつかのグループに分かれ、民家と避難壕《ごう》を捜索。民家や避難壕に手榴弾《しゅりゅうだん》を投げ込んで、なかにいる人間を殺害し、その場を逃げようとした者は次々と射殺されました。博物館の二階には事件で亡くなった五〇四人の名前が碑に刻まれてあります」

ソンミ博物館の館長を務めるファム・タイン・コン氏（五〇歳＝二〇〇八年八月時点）もまた事件の被害者であり、生存者のひとりだった。米兵により自宅から引きずり出された家族と事件当時一〇歳だったコン氏は、避難壕に入るよう命じられた。そして、壕内に手榴弾が投げ込まれ、家族五人が死亡。助かったのはコン氏ひとりだけだった。

「ベトナム戦争が終わり、村は徐々に再生していきました。ところが、私の記憶は再生されることなく、あのころの惨劇のまま止まっているんです」

コン氏と会うまでに、私はソンミ虐殺事件に関する書籍や資料を探し、目を通してはいた。しかし、コン氏の壮絶な体験を直接聞いた私は、想像していた以上に陰鬱《いんうつ》な気分になり、言葉を失った。

ソンミ証跡地区にそびえ立つ慰霊碑。(クアンガイ省、2008年9月)

ソンミ村の歓迎博物館（ソンミ博物館）のファム・タイン・コン館長。(クアンガイ省、2008年9月)

館内にある、ソンミ虐殺事件で犠牲になった504人の名前が刻まれた碑。(クアンガイ省、2008年9月)

「この跡地の近くにあとふたりの方が住んでいらっしゃいます（＊6）。お時間があれば、その方たちのお話も聞かれますか？」

コン氏の話だけで充分ではないか――。事件の日、ソンミ村で何が起きたのかを知りたい反面、これ以上の証言に私は耐えられるのか、平常心が保てるのか、と不安になった。しかし、いつの間にか「はい」と力なく返事をしていた。

コン氏は、「承知しました。おふたりに連絡を取り、こちらに来ていただきますので、しばらくお待ちください。その間に館内の展示をご覧になってください」と言い残し、建物の奥へと姿を消した。

緊張から解かれた私は、ゆっくりと立ち上がり、ダオとふたりで館内を観て歩いた。展示室に入るとすぐに、事件で亡くなった五〇四人の名前が刻み込まれた真っ黒な碑が目に飛び込んできた。碑に刻まれたひとりひとりの名前が、まるで「この悲劇を、忘れてはならない事件として後世まで伝えてください」と、語りかけているようだった。

館内には、当時の様子を生々しく伝える写真や、殺害シーンの再現模型などが展示されている。なかでもアメリカの従軍カメラマンとしてソンミ村を撮影したロナルド・ヒーバリー氏の写真は、事件当時の現場の状況を鮮明に捉えていたため、衝撃のあまり私はみぞおちにストレートパンチを打ち込まれたような状態になった。

展示を観終わるころ、民族衣装のアオザイを着た女性が私たちを呼びに来た。

「お二方がお見えになりました。応接室にお戻りください」

意を決して応接室に戻ると、コン氏とふたりの老婆が私を待っていた。

事件を生き延びたふたりが体験した出来事は、私の想像以上だったコン氏の話を、さらにはるかに上回るものだった。

老婆の脳裏に焼き付いた戦禍の惨劇

応接室で私を待っていたふたりの老婆は、椅子に座るとテーブルにすっぽりと姿が隠れるくらいに小柄で、机上に首から上だけが出ているような状態だった。顔に刻まれた多くの皺《しわ》が、激動の時代を生きてきた証《あか》しに感じられた。

「シンチャオ（こんにちは）……」

私はベトナム語で挨拶はしたものの、次の言葉が出てこなかった。先ほど聞いたコン氏の話に愕然《がくぜん》とし、博物館の展示の数々に胸を衝かれ、ショックのあまり虚脱状態になっていたのだ。入口に立ち尽くしている私を、ふたりの老婆は柔らかな表情で見つめていた。

「こちらがハー・ティ・クイさん（八二歳＝二〇〇八年八月時点）。そちらがトゥン・ティ・レさん（七八歳＝同）です。おふたりともソンミ村で事件に遭遇された方です」とコン氏は紹介してくれた。

老婆の柔らかな表情に引き込まれた私は、静かに部屋に入り、そしてテーブルを挟んだ向かい側に座った。

「こちらは日本のジャーナリストの方です。あの日、ソンミ村で何が起きたのかを知りたいと、博物館に来られました」

コン氏の言葉に小さくうなずいて、クイさんはゆっくりと話し始めた。

「……事件は私が四二歳のときに起きました。午前八時ごろ、家族で少し遅めの朝食をとっていたときです。遠くでヘリコプターの音が聞こえたかと思うと、あっという間に銃声と叫び声がこの村を覆いました。怖くなった私は、母と子どもふたりを連れて自宅近くの避難壕に身を隠しましたが、米兵にすぐに見つかり、引きずり出されました」

チカッ、チカッと点滅する天井の切れかけた蛍光灯を見つめながら、クイさんは続けた。

「米兵らは私たちの背後から銃を突きつけ、トゥアン・イェン小集落（当時のソンミ村に属する集落のひとつ）のはずれにあった農業用水路の脇へと連れていきました。そこには集落のあちこちから多くの村人が集められていたのです。村人を用水路の手前に数人ずつ立たせたかと思うと、機関銃で次々に撃ち殺していきました。女も子どももお構いなしです。その行動は繰り返されました」

クイさんが事件に遭遇した農業用水路は、ソンミ虐殺事件で最も戦慄《せんりつ》すべき殺戮が行われた場所だ。瞬く間に一七〇人の命が奪われた。私はそれまでに手にした書籍などで、この場所で起きた出来事を知っていた。

クイさんは足や背中に銃弾を浴びたあと意識を失ったという。

「多くの遺体が覆いかぶさったおかげで、私は助かったのでしょう。用水路のなかで意識朦朧《もうろう》としていたときに誰かが助けてくれました。辺りが真っ暗だったことを覚えています」

クイさんの話が終わると、部屋は静かになった。隅にある大きな扇風機の風切り音だけが部屋のなかに響く。クイさんの話を横で聞いていたレさんは微動だにせず、ただ壁の一点を見つめている。最初の挨拶のとき以外、この場ではひと言も発していないレさんの瞳は少し潤んでいた。

「クイさんが米兵に連れていかれた用水路も、レさんが当時住んでいた家も、今、この跡地の敷地内にあります。そちらに行きましょう」。コン氏が誘った。

私たちは応接室を出て、証跡地区内にあるというクイさんとレさんの遭難現場へと向かった。

塀で囲われた証跡地区のなかには、当時の村人の生活様式を再現した家屋がいくつかあった。竹を編み込み、南国に多いニッパヤシの葉を壁や屋根に使用した家や、編み込んだ竹に粘土状の赤土を塗り付けた土壁の家もあった。その裏口近くには避難壕が掘られ、土間の簡易テーブルには当時を思わせる陶器の食器などが展示されていた。

「これらは当時の様子を再現した野外展示です。この村にあったすべての家は、事件当日、手榴弾で壊され、焼かれ、跡形もなく火の海に沈みました」とコン氏は言った。

小道をしばらく歩くと、クイさんが九死に一生を得た農業用水路があった。

「ここが私の家族らが殺された場所です。このなかで私は助かりました」とクイさんは用水路を指差した。

幅約二メートルの用水路は、ひっそりと音もたてずに流れている。用水路の横を走る小道には色とりどりの花が咲き乱れ、かつてこの場で凄惨な事件が起きたことが信じられない。クイさんは目に涙を溜め、用水路に向かって祈るように手を合わせた。

用水路からほど近い場所に、レさんの遭難現場があった。自宅の敷地は整備されて空き地になり、手前には亡くなった人らの名前が刻まれたプレートが設置されている。全員、レさんの家族だ。

その場所の前で、レさんが口を開いた。

「VC、VC……」

米兵はベトナム戦争中、ベトコンを「VC」と呼んだ。

「この村にはベトコンはひとりもいなかったんです。それなのに米兵は牛などの家畜、動くものすべてを『VC』と叫んで、撃ち殺しました」

レさんは早口になり、続けた。

「家の外で米兵の叫ぶ声が聞こえ、私は子どもたちをベッドや避難壕に匿いました。しかし、私たちは順に壕から引きずり出され、一七歳の娘が引きずり出されたかと思うと、私の目の前で米兵らは次々と娘を犯し始めたんです」

声を荒らげ、大粒の涙を流すレさん。苦しそうに言葉を吐き出した。

「……そして、娘はその場で撃ち殺されました」

レさんの取材は、質問に答えてもらう形式ではなかった。やり場のない思いを吐露するレさんの言葉を、私はただただ記録し続けるだけだった。

クイさんとは別の場所に集められたレさんの家族。自宅で殺害された娘を含め、家族・親戚の一三人中一一人が殺害されることになった。四番目に生まれた当時五歳の長男とレさんだけが、血まみれの遺体に紛れ、難を逃れた。米兵はその場所でも、村人約一〇〇人の命を奪った。

事件から四〇年以上が経ち、「今、アメリカ人は嫌いじゃない。友人です」と話すレさん。しかし当時を思い出し、泣きじゃくって訴えるその口調には、今なお消えない米兵へ

ソンミ虐殺事件で家族・親戚含め13人中11人の命を奪われたトゥン・ティ・レさん。事件現場となった自宅の前で当時を思い出し泣きじゃくった。(クアンガイ省、2008年9月)

ソンミ虐殺事件で最も戦慄すべき殺戮が起きた農業用水路。現在はソンミ証跡地区内でひっそりと静まり返っている。(クアンガイ省、2008年9月)

ソンミ虐殺事件の生存者、左からトゥン・ティ・レさん、ファム・タイン・コン氏（ソンミ博物館館長)、ハー・ティ・クイさん。(クアンガイ省、2008年9月)

の怒りと憎悪がこもっているように感じられた。

ベトナム戦時下のソンミ村で起きた民間人殺害事件は当初、アメリカ政府と米軍によって隠蔽された。事件はどのように明らかになっていったのか――。以下、事件について詳述した南山《なんざん》大学元教授・藤本博《ふじもとひろし》氏（アメリカ対外関係史、国際関係史）の著書『ヴェトナム戦争研究―「アメリカの戦争」の実相と戦争の克服』などを参考にまとめてみる。

ソンミ虐殺事件に関わったのは、チャーリー中隊（米軍第一騎兵師団）の三つの小隊だった。チャーリー中隊の中隊長アーネスト・L・メディナ大尉が、事件前夜と当日の作戦任務会議において、兵士らに「ミライ第四地区は、完全に敵の支配下にある。村にいるものを全部殺せ」と作戦を命令し、カリー中尉率いる第一小隊が主として作戦を実行した（*7）。

事件が発生した一九六八年三月一六日、ヒュー・C・トンプソン・Jr.上級准尉が、偵察用ヘリコプターの搭乗員として、ちょうどソンミ村上空を飛行していた。彼は地上で起きている異常事態に気付き、事件に関わった隊の上級指揮系統にあたる陸軍大佐に報告する。

しかし、米軍内部では事件を徹底的に調査せず、「米軍による無差別殺戮の直接的な証拠はない」と判断を下し、事実は隠蔽された。

事態が動いたのは、事件からおよそ一年が過ぎたころだった。ベトナム帰還兵のロナルド・ライデンアワーが、ソンミ虐殺事件を起こしたチャーリー中隊の目撃者五人から事件の詳細を聞き出したのだ。その後、ライデンアワーは約一年にわたる独自調査を行い、一九六九年三月二九日、ニクソン大統領や国防総省（ペンタゴン）、総合参謀本部、上下院議員らに事件の内容を知らせる三〇通の手紙を送る。この手紙が、米政府当局が事件の調査に乗り出すきっかけとなり、同年九月、事件の日に第一小隊を指揮し、作戦を実行したカリーが起訴された。しかし事件の漏洩《ろうえい》を警戒した米陸軍は、内部調査の詳細を一切公開しなかった。

一方、独自にカリー中尉起訴の事実を知ったフリージャーナリストのシーモア・M・ハーシュが、同年一一月一三日、『ディスパッチ・ニュース・サービス』という小さなニュース配信会社を通して、ソンミ虐殺事件に関する記事を配信する。その記事は、国内の主要な新聞を含む三〇の新聞に掲載され、ようやくアメリカ国民が事件の全貌を知ることとなる（＊8）。

そして、一九七〇年一一月、カリーの軍法会議が開かれ、翌一九七一年三月に有罪判決を受ける。判決後、事件で唯一有罪となったカリーは軍刑務所に収監されるが、控訴を待つ間にニクソン大統領の命令で釈放された。その後、カリーは米ジョージア州のフォートベニング基地で自宅軟禁となり、一九七一年八月には「二〇年の重労働刑」に減刑される。そして一九七四年一一月、カリーは三分の一の刑期を終えた時点で仮釈放となることを米陸軍長官が明かし、最終的に自由の身となったのだ（＊9）。

藤本博氏に改めて話を聞くと、ソンミ虐殺事件が明らかになっていく過程の問題点として、「ニクソン政権の対応の悪さと、最終的にカリーを免罪しようとしたニクソン大統領の措置を支持した国民意識」のふたつを指摘した。


ソンミ虐殺事件の指揮をしたカリーが受けた刑はあまりにも軽すぎる——。クイさん、レさん、コン氏の三人に話を聞いた私は改めてそう感じた。

野外展示と事件現場を見たあと、私たちは博物館に戻った。クイさんとレさんの目から涙は消えていた。

応接室に戻ったコン氏は私に「二度と同じような惨劇が繰り返されないように私たちは努力して『平和』を構築していきましょう」と声をかけてくれた。私は三人に「貴重なお話をしてくださり、ありがとうございました」と返すのが精いっぱいだった。

博物館をあとにしようとしたとき、コン氏がボソッと漏らした。

「ベトナム戦争中に民間人虐殺事件を起こしたのは、米軍だけじゃないんです。韓国軍もまた、中部のあちこちで多くの民間人の命を奪いました」

「えっ？　韓国軍も？」

応接室の出口に見送りにきたコン氏は、そう聞き返した私に小さく頷《うなず》き、「調べてみてください」と言った。

当時の私は、韓国軍がベトナム戦争に参戦したことを知ってはいたが、ソンミと同様の事件を起こした疑いがあることをまったく知らなかった。

いや、それまでにベトナム取材を一〇年以上続け、ベトナム戦争関連の書籍も読み漁ってはいたので、「まったく知らなかった」と言うのは語弊があるかもしれない。思い返せば、元共同通信社サイゴン特派員だった亀山旭《かめやまあさひ》氏の著書『ベトナム戦争―サイゴン・ソウル・東京』に、韓国軍の暴虐ぶりについて、ほんの少し記述があった（＊10）。本を読んだときにはそれほど気に留めていなかったのだ。

ソンミ博物館を訪問した私は、事件について本を読んで理解していたことと、実際に事件に遭遇した生存者の話の内容があまりにも違うことに戸惑い、心が大きく揺さぶられた。真実が知りたくなった。

「調べてみてください」――コン氏のこの言葉が、ベトナム戦争時代に各地で起きた「韓国軍による民間人殺害事件」について、深く取材していくきっかけとなった。

この年、戦争終結から三〇年余りが経過していた。事件を知る生存者がいるうちに生《なま》の声を記録しておかなければ、事件は忘れ去られてしまう。そう考えた私は、事件の全貌を記録しようと決意した。

第二章

証言者を探して

取材チーム〝ビンディン〟結成

二〇〇八年八月、ソンミ博物館館長のコン氏に「ベトナム戦争中、韓国軍も民間人殺害事件を起こしていた」と聞いてから、私は日本で資料を探し続けた。しかし書籍はもちろんインターネット上にも、詳細に触れた記述を見つけることができなかった。

インターネット百科事典「ウィキペディア」には、事件が起きたであろう場所や死者数の記載がいくつかあったが、生存者の情報や、韓国軍がどのような行為に及んだのかなどの詳細は皆無と言えた（二〇〇八年当時）。とりあえず場所と死者数が明らかになっていたクアンナム省ディエンバン県の「ハミ村」、同県「フォンニ村」と「フォンニャット村」（＊1）、ビンディン省タイソン県タイヴィン社を選んで取材を開始することにし、まずは事件現場まで駅からそれほど距離がなく、動きやすそうなビンディン省で聞き込み取材を始めた。

私がこの取材を開始したのは二〇〇九年の夏。ベトナム滞在の期間は七月下旬から九月中旬までの予定で、渡越後しばらくの間は、ベトナムの戦争証跡地などをめぐるスタディーツアーのアテンドなどをしながらホーチミン市に滞在していた。そうした矢先の八月下旬、米軍によるソンミ虐殺事件で唯一有罪判決となったカリー元中尉が、事件について謝罪したとのニュースが、私の耳に飛び込んできた。

八月一九日、米ジョージア州で開かれた地元実業家の昼食会に招かれた際、カリーは四一年の沈黙を破り、犠牲者と被害者家族に「良心の呵責《かしゃく》を感じなかったことは一日たりともない。大変申し訳ない」と、ソンミ村での事件について初めて謝罪したという（＊2）。しかし、カリーがなぜこの時、この場所で謝罪をしたかについての解説は見当たらなかった。

このニュースに接した私は、九月に予定していた中部取材のスケジュールを少し変更し、ソンミ博物館へ行けるように段取りをし直した。館長のコン氏と生存者らに、カリーの謝罪について意見を聞きたくなったのだ。

クアンガイ省のソンミ博物館で再会したコン氏は「なぜこのタイミングで謝罪したのかはわかりませんが、謝罪を報道で知るのではなく、カリー自らがここに来て、五〇四人の死者と家族への償いの言葉を言ってほしいです。でなければ許せません」と見解を述べた。

作戦を実行し、多くのベトナム民間人の命を奪ったカリーが再びソンミ村を訪れ、謝罪する日は来るのだろうか。

ソンミ村をあとにした私は当初の取材目的に立ち返り、韓国軍が犯したとされる事件の実態を調べるべく、クアンガイ駅からビンディン省のディエウチー駅に向かった。ビンディン省はソンミ村があるクアンガイ省の南に隣接していて、特急列車で一駅なのだが、四時間近くかかる。南北統一鉄道のディエウチー駅に降りたのは、午後七時前だった。

通訳のダオと私が駅の改札口を抜けて薄暗くなった駅前広場に出ようとすると、入口付近に大勢の人がいて、ほとんどがこちらを見ている。その光景に私は一瞬たじろいだ。「どこにいくんだ?」「ホテルは予約しているのか?」「美味《おい》しいレストランを知ってるぜ!」。タクシードライバーが列車から降りた客の取り合いをしていたのだ。

ベトナムでのこうした事態にある程度慣れていた私は、客引きをするタクシードライバーは避け、人だかりの向こうで携帯電話の画面をじっと見ているずんぐりとした体型のドライバーに近付いた。

「シンチャオ！（こんにちは）」

「おう」と驚いて、見ていた携帯から顔を上げたドライバーは、ようやく私の存在に気付いた。他のドライバー数人は、まだ私のそばにまとわりついている。

「ホテルに行ってほしい」

「どこだ？」

「決まっていない。近くの安いホテルを探したい」とドライバーと交渉する。

「まあ、乗れ」

客の取り合いを嫌がったドライバーは、急いでふたりの荷物をトランクに詰め、車を出した。

「安いホテルか……いくらくらいだ？」。ドライバーはゆっくりと車を走らせながら聞いてきた。

「一部屋二五万ドン（約一六五七円）くらいのホテルはないか？」

「海の近くじゃなくてもいいのか？」

ビンディン省にはビーチリゾートで有名なクイニョン市があり、二〇一〇年前後は、べトナム人の避暑地として再開発され始めたころだった。

「どこでもいい。屋根があれば……」

そう答えた私の言葉をドライバーは鼻で笑い、「じゃあ、この近くのフータイという場所にホテルがある。そこでいいか？」と言った。

このころ、私は渡越のたびに通訳をダオに頼んでいた。二〇〇四年ごろにベトナム人の友人の紹介で初めて出会い、五年近く私の通訳をしていたダオはタクシーの助手席から後ろを振り返り、後部座席の私に「彼はいいドライバーだ」と目で合図をした。ダオの直感には、ほぼ外れがない。

どの国でも事情は同じかもしれないが、ベトナムのタクシードライバーのなかには、観光客相手にメーターを動かさないでぼったくり行為をする者や、改造メーターを付けて不当に高い金額を請求する者、また、回り道をしたり、わざと遠い場所を案内して高額な請求をしたりする者もいる。私も幾度か痛い目に遭っていた。

ホテルに到着すると、ダオは「少し待ってて」と私に言い、ひとりで宿泊料金の交渉に行った。宿泊客が外国人だとわかると、ホテル側が料金を吹っ掛けてくるケースがあることもダオは熟知していた。

しばらくすると、車に残る私に向かって、ダオがホテルの入口でオーケーサインを出した。私はトランクから荷物を降ろし、タクシー代金を支払った。

「明日は仕事か?」。ダオが荷物を持ったまま、ドライバーに話しかけている。

「この車は自分の車で、会社勤めじゃないから休みは自分で決める」

「車を一日レンタルすると、八時間でいくらだ?」

「行く場所による。近くなら一五〇万ドン(約九九四五円)。一〇〇キロメートルを超えると、二キロメートルごとに一万五〇〇〇ドン(約九九円)が別にいる」

ダオはいちいち言わなくても、私がやりたいこと、必要なことを察してくれていた。手探りの聞き込み取材をするとき、信用のおける通訳と車は必須だ。ダオはそのこともよく理解していた。

ふたりの会話が聞こえていた私は「一二〇万ドン(約七九五六円)なら頼みたい」とドライバーに言った。すると、ドライバーはしばらく考え、笑顔で「明日、何時だ?」と聞いてきた。私は「朝八時にここに来てくれ」と返した。
こうして、わずか三人の小さな取材チーム〝ビンディン〟が結成された。

「ライダイハンを知ってるか?」

翌朝、ドライバーは八時前にホテルに来ていた。まずそのことに私は驚いた。ベトナムでは予約した車が五分、一〇分と遅れることがよくあった。ひどいときには一時間近く待たされることもあり、頼んでいたドライバーではなく友人が代わりに来ることさえあったのだ。

「おはよう」と挨拶し、私は車の後部座席に乗り込んだ。ドライバーは「どこに行くんだ? クイニョンビーチに姉ちゃんでも見に行くのか?」と、笑いながら聞いてきた。

初めて訪れる町の取材は「ベースづくり」から入るのが私のいつものやり方だ。時間がかかると思われる取材は特に、活動拠点を最初に作る。現地で知人や友人をつくることもさることながら、行きつけのレストランやカフェなども確保した。そうしておくことで、最初は困難な取材でも次回以降はスムーズに進むことが多い。

今回のビンディン省での取材の目的地は、「ウィキペディア」で確認していた現場のひとつ、タイソン県タイヴィン社だ。そこに向かうまでにある程度の情報収集をしておきたかった私は、ドライバーに「とりあえず近くの市場へ行ってくれ」と答えた。

「……市場？　水着でも買うのか？」

「いや、何も買わない。この辺りに市場はないか？」

「……？　昨日ふたりを拾ったディエウチー駅のそばに市場はあるけど」

「そこに行ってくれ」

ドライバーは怪訝な顔をして、車を出した。私の取材の進め方をよく知っていたダオは、私とドライバーのやり取りに、笑いを堪《こら》えていた。

市場には多くの人が集まる。すると、いろんな情報が飛び交う。もちろんデマもあり、まったく情報が得られないことも多い。しかし、私には市場での聞き込みから取材に成功した経験があった。二〇〇四年春、当時アジア全体で猛威を振るった鳥インフルエンザの取材でのことだ。ベトナム全土で死者がまだ七人だったとき（＊3）、ホーチミン市の市場で聞き込みをし、それを手掛かりにホーチミン市から南西に二〇〇キロメートル以上離れたメコンデルタの田舎町ソクチャン省で、亡くなった少女の家族を捜し出したことがある。また、知られていない枯葉剤被害者の情報など、ベトナム戦争関連のスクープ情報を聞くことができたのも、やはり市場だった。

駅のそばにあるディエウチー市場は、田舎の小さな市場だ。午前九時前に着くと、閉場間際のため人がまばらだった。私たちはベトナム戦争時代を知っていそうな高齢者を探して場内を歩いたが、ここでは出会えなかった。ダオと私は車に戻り、「他に市場はないか？」とドライバーに聞いた。

すると、ダオが横から「地方の市場はこの時間だと閉まっているところが多いですね」と言う。

「そうか……」

「スーパーマーケットはどうですか？」と、ダオが聞いてきた。

スーパーマーケットの従業員は比較的若い者が多く、込み入った話は期待できない。

「次はカフェか……」と私は呟《つぶや》き、ドライバーに「この近くにカフェはないか？」と尋ねてみた。ベトナムの田舎は今でも娯楽が少なく、カフェに多くの人が集《つど》う。そこでもさまざまな情報が手に入る可能性があるのだ。

ダオと私のやり取りを聞いていたドライバーは「いったい何がしたいんだ？」と苦笑した。私はドライバーを信用し、ベトナム戦争中に起きた「民間人殺害事件」を調べていること、タイソン県に行きたいこと、その前に、ベトナム戦争時代にどの国の軍隊がこの町に駐留し、何をしたのか、などの情報を得たいこと、すべてをドライバーに話した。デリケートな問題なので、話す相手を間違えると社会主義国のベトナムでは大問題になる。

「町役場で情報をもらえば良いんじゃないか？」とドライバーが言った。

「ダメだ。役所は最終手段だ」

過去にベトナム政府関係者を通して取材をしようとしたとき、頼んでもいないのに案内役兼通訳を付けられ、「この取材をするためには政府の許可証が必要です」と賄賂《わいろ》を要求されたことがあったのだ。聞きたいことも聞けず、同行したダオが「この通訳、自分らに都合の良いように訳していますよ」と教えてくれたほどで、取材が台無しになった。今回、それだけは避けたかった。

ドライバーは国道を行き来する大型トラックを運転席から眺めていた。そして、思い出したように「ちょっと待てよ」と携帯電話を取り出し、どこかに電話をかけた。

「おい！　誰に電話してるんだ？」。ドライバーに話しかける私の口調がつい荒くなった。昨夜、初めて会ったドライバーを本当に信じていいのか。「面倒はゴメンだぞ」。私は疑心暗鬼になりつつも、ドライバーの行動にまったく動じないダオを信じるしかなかった。

ドライバーは「まあまあ」と私を手で制し、電話を続けた。

「……はい……はい……。フォックタン村？　わかります。……はい。ありがとうございます」と電話を切った。

「誰に電話してたんだ」。私はドライバーを問い詰めた。

「お義母さんだよ」

「お義母さん？」

「ああ。妻のお母さん。六〇代後半でビンディン省生まれのビンディン省育ちだから、何か知ってるかな、と……」

私は、ほっと胸を撫で下ろした。

三五歳のタクシードライバー、グエン・ミン・バオ兄（仮名）は、家族を一番に思いやる優男《やさおとこ》だった。三歳年下の妻との間に、幼いふたりの娘がいる。前夜、ディエウチー駅で出会ったとき、バオ兄が携帯画面で見ていたのは、妻から送られてきた、まだ生まれて間もない次女の写真だった。

バオ兄はベトナム戦争終結間際に両親を爆撃で失った。彼が一歳になって間もなくのことだ。自宅の瓦礫《がれき》の下に埋もれているところを、同じ村の住人に助けてもらったというバオ兄。その後、親戚に引き取られ、育てられる。「戦争で両親を失ったオレの青春時代は孤独との闘いだったね」と彼は言った。

二〇代半ばに現在の妻と出会い、結婚。彼の境遇を知る義母は「困ったときは遠慮せず、いつでも電話しておいで」と、娘婿のバオ兄をかわいがっていた。

「ライダイハンを知ってるか?」。突然、バオ兄はルームミラー越しに私の目を見て聞いてきた。

「韓国人とベトナム人の間に生まれた子どものことだろ？」

ライダイハンは、韓国とベトナムの関係を語るうえで避けては通れないテーマのひとつだ。ベトナム戦争時代、韓国からベトナムに渡ったのは兵士だけでなく、高い賃金を目当てにした労働者らも多かった。その韓国兵や韓国人労働者らがベトナムの女性と関係を持ち、生まれた子どもたちのことをいう。ベトナム語で「ライ」は混血を、「ダイハン（大韓）」は韓国を意味する蔑称だ。ベトナム戦争時代に生まれたライダイハンの数は、少ないもので三〇〇〇人（『京郷新聞』二〇〇二年九月一七日）から、多いもので三万人（『釜山日報』二〇〇四年九月一八日）と推計されている（＊4。第四章の「韓国の父に会いたい」で後述）。ベトナム人にとっては「敵国の子」ということもあり、彼らの多くは現在も差別に苦しみながら生活を送っている。

「虐殺事件ではないが、フォックタン村というところに昔、韓国軍が駐留していた基地があって、その付近に現在もライダイハンが住んでいるらしい。そこだと、何か手掛かりがあるんじゃないか？」

「フォックタン村はここから遠いか？」

「車で二〇分くらいだ」

「よし、そこに行こう」

バオ兄は、フォックタン村に向かって車を走らせた。雨季に入り始めたベトナム中部。この日は珍しく空が青く澄み渡っていた。

交差点のカフェ

ベトナムを南北に走る国道一号線の交差点「ディエウチー三叉路《さんさろ》」を折れ、省道六三八号線を西へしばらく行くと、バオ兄が「この辺りがフォックタン村だ」と言った。省道沿いに民家が密集しているが、これといって何があるわけでもない。ベトナムのどこにでもあるような田舎町だ。

ビンディン省トゥイフォック県フォックタン村――。省の南部に位置するトゥイフォック県は、沿岸部に漁業をなりわいとする人びとがいる一方、内陸部では農業や採石業に従事する人が多く、第一次産業が盛んな町だ。近年は良質な花崗岩《かこうがん》がこの辺りで採石され、日本にも輸出されている。

「この付近にライダイハンが住んでいるのか？」。バオ兄に尋ねた。

「お義母さんは電話でそう言った」

省道はたまにバイクが走っているものの、歩いている人がいない。見知らぬ人の家をいきなり訪問するわけにもいかないので、とりあえずカフェで聞き込みをすることにした。

私は、「この辺りでカフェを探して欲しい」とバオ兄に伝えた。省道を少し走ると、交差点脇にカフェがあった。看板は上がっておらず普通の民家のようだが、プラスチックのテーブルと椅子が路上にせり出しているので、間違いなくカフェだ。ベトナムはコーヒーの原産国で、その生産量はブラジルに次ぐ世界第二位。田舎でもいたるところにカフェがある。

車から降り、店の前にあったテーブルを木陰に勝手に移動させ、三人で椅子に座った。家の奥から四〇代と思われる女性がそろりと出てきた。

私は「カフェスアダー（アイスミルクコーヒー）」を注文した。あらかじめコンデンスミルクを入れておいたグラスの上に、深煎りのコーヒー豆を粗めに挽いてフィルターに入れ、お湯を注いで、ゆっくりと濃厚なコーヒーが落ちるのを待つ。暑い日にはそこへカチ割りの氷を入れてアイスで飲むのがベトナム流だ。

私はその場で聞き込みをしようとしたが、女性は注文したものを持ってきたかと思うと、すぐに家の奥へと消えた。時刻は午前一一時前。おそらく奥のキッチンで昼食の準備をしていたのだろう。よくあることだ。ダオは慣れた様子だったが、バオ兄は話を聞きそびれたことに責任を感じたのか、もどかしそうにしていた。私は「いいよ。いいよ。急がなくても」とバオ兄を制した。

注文したものをそれぞれ飲み干したあと、支払いのために女性を呼んだ。奥から出てきた女性をつかまえたバオ兄が、何やら話をしている。

「……ライダイハン？」

「うん」

「……彼は韓国人ですか？」。女性は、店の外に突っ立っている私を舐《な》めるように見た。

「いいや。日本人だ……」

微かに会話が聞こえ、女性は身振り手振りでバオ兄に道を教えているようだった。

バオ兄は話を終えると、車に戻り、私にこう説明した。

「この交差点を右に入り、山に向かって三〇〇メートルほど行くと進行方向左側に小学校が出てくる。その数軒手前にライダイハンの家族が住んでいる」

運転席に座ったバオ兄の表情は、手柄を立てたかのような歓喜に満ち溢れていた。


こんなに早く情報が手に入ることは珍しい。聞き込み取材で特定の人物が住む場所を探すとき、「村」が分かっても、なかなか「人」を見付けられないことが多々ある。

「右か。左か。それとも直進か」。大きな村では、交差点ごとにカフェに立ち寄り、情報を得たりもした。数軒のカフェをハシゴして「水分をとりすぎて、もうお腹《なか》ポチャポチャですよ」とダオが笑いながら話していたこともあった。

バオ兄は小学校を見つけると、車をUターンさせ、ノロノロと運転をした。すでに気温が三〇度に差し掛かり、乾いた赤土の道に人影はない。しばらくすると、前からノンラー（ベトナムの菅笠）を被った女性が乗る自転車が一台、こちらに向かってきた。

「彼女に聞いてみよう」。私はバオ兄に車を止めるように言い、ダオと車を降りた。

「シンチャオ」と私は女性に声をかけ、こう話を続けた。

「突然、すみません。少しお尋ねしても構いませんか？　韓国人とベトナム人の間にできたお子さんを探しているんです。この辺りにお住まいだと聞いたもので……」

女性は自転車に跨《また》がったまま、片足を地面に着けて「あなたは誰ですか？」と返してきた。かなり驚いた様子だった。

「日本のジャーナリストです。ベトナム戦争時代の韓国軍の行動について調べています」。私はそう率直に話した。

女性は鋭い目つきで「それ、息子です」と答えた。そして、軒下に自転車を置き、「ここで話すのもなんです。うちへお越しください」と、ダオと私を招き入れた。私が女性に質問したのが、ちょうど自宅の前だったのだ。

家の奥から「おばあちゃん、お帰りなさい」と一〇歳くらいの少女が出てきて、女性の腕に飛びついた。突然訪ねてきた私たちを、少女は不思議そうに見ている。女性は「ただいま」と言い、「少し奥に行ってなさい」と少女を家の奥へと追いやった。

「すぐに息子も仕事から帰ってくると思います」と、女性は玄関先で服に付いた木くずを払い落としたあと、客間のソファーに腰を下ろした。ライダイハンだと母親が言う息子は仕事に行っているようだ。私は木目の美しい小さなテーブルを挟んで女性の向かい側に座り、ここに来るまでの経緯を説明した。

女性と話をしていると、自転車に乗った息子が帰宅した。自宅の塀の前に自転車を置いた息子は、私たちを見て軽く会釈をした。そして、玄関でサンダルを脱ぎ、女性のそばに座った。

「この子が、息子のヴォー・スアン・ヴィン（人民証明書〔ID〕による年齢は三六歳、実年齢三九歳＝二〇〇九年九月時点。＊5）です」。そう私たちに紹介すると、女性は静かに話し始めた。

「私はヴォー・ティ・マイ・ディン（五九歳＝同）といいます。戦時中、一五歳のころから、この山の麓にあった韓国軍基地内の食堂で働き、兵士らに食事を作っていました」と、山の方を指差した。

「軍施設で働き始めて三、四年が経ったころです。ある日、人気《ひとけ》のない食堂で後片づけを

ビンディン省にあった韓国軍基地内の食堂で韓国兵に強姦され、ライダイハンの息子を産んだヴォー・ティ・マイ・ディンさん。「当時のことはもう思い出したくありません」と呟いた。（ビンディン省、2009年9月）

ライダイハンのヴォー・スアン・ヴィンさん。（ビンディン省、2009年9月）

していたら、背後から突然、韓国兵に襲われました。恐ろしくて声を上げられないままでいると、その韓国兵は無理矢理私のなかに押し入ってきたのです。そのときにできた子がヴィンです」

ディンさんは、息子ヴィンさんのいる前で淡々と話した。そして、「あのころのことは、もう思い出したくありません」と、呟いた。

ヴィンさんは自らの出生について母から聞いていたのだろうか。俯《うつむ》いてはいたが、何も言わず静かに話を聞いていた。もし私が同じような境遇だったら、こんなにも落ち着いて母親の話が聞けただろうか――。

帰り際、見送りに出てきたヴィンさんが私の目を見て、小さな声で言った。

「お母さんは『当時を思い出したくない』って言いましたが、私はいつか韓国人のお父さんに会えると信じています」

母が韓国兵に襲われたことがきっかけでこの世に生を受けたヴィンさん。彼にとっての父親像とはどのようなものなのか。私はヴィンさんの心中を想像することすらできなかった。

　昼下がり。この日のビンディン省は雲ひとつない真っ青な空が広がっていた。ベトナム戦争時代、韓国軍はこの地に何を残して去ったのか。私のなかで消化しきれないものが鬱積していく。

第三章 ベトナム人被害者は語る

大虐殺の村〝ビンアン〟

二〇〇九年九月にビンディン省トゥイフォック県フォックタン村で出会ったディンさんの証言と、息子ヴィンさんの願い（いつか韓国人のお父さんに会えると信じている）は、私の胸を締め付けた。韓国兵とベトナム人女性の間に生まれた「ライダイハン」。敵国の子と蔑《さげす》まれ、不遇の戦後を送り続けている。私は「民間人殺害事件」の情報収集と同時に、ライダイハンが今置かれている状況を把握しようと努めた。

ライダイハンへの聞き取り取材は一筋縄ではいかなかった。私は幾度もビンディン省に足を運び、ライダイハンの家族を探し回った。しかし、数日間、聞き込みを続けても、まったく情報が手に入らないことが多くあった。

その後四年半をかけて、私はビンディン省でライダイハンを子に持つ六つの家族を取材し、それぞれの境遇を記録した。私が取材したすべてのライダイハンは、韓国人を父に持つという理由だけでベトナム人から差別を受け続け、やがて大人となりそれぞれの人生をたくましく生きていた。そうした実情を知った二〇一四年二月、私はライダイハンの聞き取り調査に区切りをつけることを決めた。

そのころの私は大手メディアから頼まれた仕事をすることもあったが、ベトナム取材のほとんどは〝手弁当〟だった。メディアに依頼された仕事は費用の面では安心だが、自分が思うような取材をすることや、その場で時間をかけて問題を突き詰めることができない。そのため、帰国をすればアルバイトに明け暮れ、その賃金のほとんどを次の渡航費用に充てるという生活を繰り返していた。ライダイハンの実態調査・聞き取り取材はどんな結果になるかわからなかったため、テーマを絞らなければ、そのような手弁当での取材を続けるには限界もあった。

そんな折、戦争中、韓国兵相手に売春をしていた母親から生まれたというライダイハンの女性、チャン・ティ・デュンさん（人民証明書〔ＩＤ〕による年齢は四五歳＝二〇一四年二月時点）に出会った。当事者であるライダイハンを探すため、ディエウチー市場で聞き込みをしていたある日、買い物に来ていた女性から、デュンさんを養女として育てたチャン・デュイ・リエム翁（一九三一年生まれ）を紹介されたのだ。そして、私はリエム翁とデュンさんが住む家を訪ねた。

取材中、デュンさんはこう言った。

「私はライダイハンですが、今はもう『ベトナム人』として生きています。ベトナム人の混血に対する差別はひどいですから。ましてや戦争中の『敵国の子』だと余計に。だから自分の出生をひた隠しにしている人も多いと思いますよ」

人は往々にして、暗い過去や辛い思い出を拭い去り生きていくものだ。「今」を生きるために都合の悪い「真実」は、何事もなかったかのように隠されていく。他人の思い出したくもない過去を、なぜ私はわざわざ掘り返そうとしているのか。デュンさんの言葉を聞いて自問自答を繰り返したが、このとき答えは出なかった。


先に触れたとおり、ベトナム戦争には多くの国々が関わった。一九六四年八月初旬に北ベトナムで起きた「トンキン湾事件」を機にアメリカはベトナムに本格的な軍事介入をする。同時期に、アメリカの同盟国である韓国も戦闘部隊のベトナム派遣を決定した。

韓国のベトナム派兵は、一九六四年九月、医療班やベトナムにテコンドーを普及させるための教官など非戦闘先遣部隊が上陸したことから始まる。その後、戦況が悪化していくにつれ戦闘部隊を次々と投入。その数は、韓国軍が撤退する一九七三年三月までに、延べ三二万五五一七人になり、アメリカに次ぐ大量派兵となった（＊1）。

韓国軍戦闘部隊（猛虎師団、青龍旅団、白馬師団など）の多くは、ベトナム中部のニントゥアン省からダナン市にかけての海岸沿いを走る国道一号線の主要都市に駐屯した。韓国の週刊誌『ハンギョレ21』によると、韓国軍は、「きれいに殺して、きれいに燃やし、きれいに破壊する」というスローガンのもと、ベトコンの捜索・掃討作戦を繰り広げたとされる（＊2）。

私がそのことを知った二〇一〇年ごろには、韓国軍がベトナムで犯したとされる民間人殺害事件についての情報が、日本でもインターネット上だけではなく、書籍などで徐々に読めるようになっていた。二〇〇九年一一月には韓国「ナワウリ」（＊3）の元共同代表金賢娥《キムヒョナ》氏の著書『戦争の記憶　記憶の戦争―韓国人のベトナム戦争』（三元社、安田敏朗訳）が出版され、事件の日時、場所、実態が詳述された。私は、同書を手がかりにしながら現場に入っていった。

初めてビンディン省を訪れてから、四年半が経った二〇一四年二月。同省タイソン県タイヴィン社で、韓国軍の被害に遭ったという生存者に話を聞くことができた。

このとき、いつも頼っていた通訳のダオが「二歳になる長女の世話をしなければならないので、ホーチミン市を離れて、泊りがけでする仕事はできない」と言い、急遽《きゅうきょ》、ベトナムに住む友人らに頼んで、別の通訳を探してもらった。すると、ダナン市にある日本語学校のベトナム人教師が大学時代の後輩を紹介してくれた。ホーチミン市の大学で日本語を四年間学び、卒業したばかりのグエン・ティ・ホン・ロアンだ。物静かでおしとやかだが、一本芯が通った女性だった。

二〇一四年二月下旬、ビンディン省のディエウチー駅でドライバーのバオ兄と落ち合った。時刻は午前一〇時を少し回っていた。この時期のベトナム中部は雨が少ないせいか、舗装された道路の轍《わだち》には土埃《つちぼこり》が舞っている。

「いつもの宿か?」

「うん」

半年ぶりに会うバオ兄は以前にも増してふっくらとしている。「バオ兄、また太ったな。さては幸せ太りか？」と、私はからかった。バオ兄は「ハハハ」と笑い、ふたりの娘の写真を待ち受けにしたスマートフォンの画面を私に見せて、「幸せだよ」と少し恥ずかしそうに言った。バオ兄と出会って四年以上が経ち、お互いに軽口や冗談が言い合える仲になっていた。

「今日はまたかわいらしい女性と一緒だな。ダオはどうした？」。バオ兄はホテルに向かう車のなかで、助手席のロアンに聞こえるようにわざと大きな声で言った。

ダオが今回同行できない事情を説明すると、「二歳だと、パパはずっと娘と一緒にいたいだろうな」とバオ兄は微笑み、ダオの心情を推察した。

「今回はどこに行く？　またライダイハンのところか？」。バオ兄は私に聞いた。

「タイヴィン社に行こうと思っている」

「ついに虐殺現場の取材か……」。ルームミラーに映るバオ兄の瞳は、今までになく光っていた。

ビンディン省での取材では、いつもバオ兄に運転を頼んだ。取材中は昼食をともにし、いくつものカフェで取り留めのない会話をした。バオ兄は毎夕、別れ際に「今日の取材は『成功』か？『失敗』か？」と、しつこく聞いてきた。「うまくいかなかった」と返すと、翌朝の合流時に、バナナやリュウガンなどのフルーツを差し出す。そして「今日は頑張りましょう！」と、新しい情報を提供してくれた。仕事終わりにふたりの娘を義母の家まで迎えに行くたび、一家では食べきれないほどのフルーツと一緒に、「ライダイハン」や「韓国軍による民間人殺害事件」に関する情報を義母からもらってくれていたようだ。

翌日、タイヴィン社（ベトナム戦争当時はビンアン社）に着いたのは昼前。国道一号線を逸れて省道に入り、ホテルから約二時間の道のりだった。

「もうすぐだ」と、バオ兄が言った。

前出の金賢娥氏の著書によると、民間人殺害事件があったとされる村には石碑（「慰霊碑」や「憎悪碑」。第三章の「憎悪碑か、慰霊碑か」で詳述）が建っているという（＊4）。私は、まず石碑を目指した。

省道六三六号線を曲がり、凸凹《でこぼこ》道をしばらく行くと「ビンアン社の虐殺地まで九〇〇メートル」と書かれた案内板が出てきた。

「この奥か……」。私は独り言をつぶやいた。

すると間もなく、大きな六角形の屋根の下に小さな黒い石碑のようなものが見えた。腰の高さほどの塀に囲まれたなかに、ひっそりと建っている。その奥には、事件当時の様子を描いたと思われる立派な壁画があった。近付くと、横幅一〇メートルを超える大きな壁画に、白虎《びゃっこ》の肩章をつけた兵士が銃と手榴弾《しゅりゅうだん》を持ち村人に襲いかかる様子や、火に飲み込まれる老婆と裸の少女の姿が克明に描かれていた。

私たち三人は用意していた線香を慰霊碑に供え、黙禱《もくとう》を捧げた。そして、〝ビンアンの虐殺〟の記録を始めた。

〝ビンアンの虐殺〟については、京都大学大学院アジア・アフリカ地域研究研究科准教授の伊藤正子氏の著書『戦争記憶の政治学―韓国軍によるベトナム人戦時虐殺問題と和解への道』にも記述がある。

〈テイヴィン社とその周辺の五社（ニョンホウ、ニョンフック、ニョンミー、テイアン、テイビン）では、一九六六年二月一三日から三月一七日（旧暦一月二三日から二月二六日）にかけて、一五の地点で猛虎部隊三個中隊による集団虐殺が起きた。これが韓国軍による虐殺の中で最も規模の大きい「ビンアンの虐殺」である。この間、行方不明者も含めると、一二〇〇余名の住民が虐殺された。身元が確認され名簿になっている公式の死者だけでも七二八名である。子供一六六名、女性二三一名、六〇―七〇歳の老人八八名が含まれており、家族皆殺しも八家族に及ぶ（ビンディン省文化通信局資料）。特にテイヴィン社のゴーザイという丘ではたった二時間で三八〇名もの民間人が韓国軍に殺された〉（＊5）

「事件を知る生存者を探そう。金賢娥の本にグエン・タン・ランという人物の証言がある。このランさんを探せないかな？」

ロアンと私は、慰霊碑がある広場を出て、近くの民家を訪問した。

忘れようにも忘れられない

〝ビンアンの虐殺〟事件の生存者、グエン・タン・ランさん（六三歳＝二〇一四年二月時点）

“ビンアンの虐殺”事件の慰霊碑の後方にある壁画。事件の様子が克明に描かれている。（ビンディン省、2015年6月）

ビンディン省タイヴィン社のゴーザイの丘で起きた事件の慰霊碑。380人の名前が刻まれている。（ビンディン省、2015年6月）

“ビンアンの虐殺”事件の慰霊碑。（ビンディン省、2015年6月）

の連絡先はすぐに判明した。一軒目に訪問した慰霊碑の横にある家の老婆が、ランさんの電話番号を教えてくれたのだ。老婆は、土間の机の上に置かれた村の広報誌のようなものをペラペラとめくり、「これじゃない？」とランさんの名前を指差した。一九八七年一〇月からタイヴィン社の共産党書記長を務めていたランさんは、広報誌に「問い合わせ先」として自宅の電話番号を掲載していた。

「政府関係者か」。一瞬、私の頭を不安がよぎったが、とにかく会わないとわからない。ランさん宅の電話番号をノートに控えて老婆の家をあとにした。時刻は正午を回っている。昼食を済ませてから午後一番でランさんにアポイントをとることにし、私たちは食堂を探した。

慰霊碑がある広場から表通りへ出ると、すぐに食堂があった。

食堂付近の一帯は、田園が広がり、はちきれんばかりに実った「三月米（＊6）」の稲穂が収穫を待っていた。真っ青な空と鮮黄色の大地を分ける深碧《しんぺき》の山々が遠くに見える。

食堂では先程まで農作業をしていたと思われる数人の村人がざわざわと昼食のテーブルを囲み、その下には客が捨てた鶏の骨を前足で押さえて、いつまでもしゃぶっているヨボヨボの老犬がいた。肉を焼く炭火の煙が、匂いと一緒に道路まで漂っている。

お腹《なか》を空《す》かせた三人は、それぞれワンプレートの「コムビンザン（ベトナム風ぶっかけ飯）」を頼んだ。コムビンザンの具は魚や鶏肉などいろいろあるが、私は大好物の「コムスン（豚のリブロースやバラ肉を甘辛く焼いたもの）」を選んだ。

注文した料理を待っていると、テーブルを挟んで向かい側に座ったバオ兄が言った。

「オン（Ông）。ひとつ聞いてもいいか？」

バオ兄は私を、ベトナム語で年配男性に対する尊称の「オン」と呼んでいた。

「ん？」

「オンは、韓国に何か恨みでもあるのか？」

私は、バオ兄の突然の質問に驚いて、飲んでいたお茶を噴き出しそうになった。

「ライダイハンも虐殺事件も韓国にとったら暗部だろう。明らかにしてほしくないんじゃないのか？　なぜ取材をしているんだ？」

バオ兄の質問は核心をついていた。「日本人」の私が、なぜ遠く離れた「ベトナム」で、何のために「ライダイハン」や「韓国軍による民間人殺害事件」の取材をしているのか。

このころ、私は「取材の意味」を四六時中考えていた。しかし、明確な答えは出せず、モヤモヤとした気持ちだけが残る毎日だった。

「韓国に恨みなんてまったくないよ。韓国人には随分と世話になってるし、人を裏切ったりするような一部の悪い人間を除けば、みんないい奴だよ」とバオ兄に返した。

バオ兄は「一部の人間」とつぶやき、「どこの国でも一緒だな」と笑った。

テーブルの下で鶏肉の骨をしゃぶっていた老犬が、のっそりと立ちあがり、離れた場所に置いてあった皿の水を飲んだ。

食事が終わり、「さて、そろそろ電話しようか」と私が言うと、通訳のロアンが店内の静かな場所を探してランさんに電話をした。

「一五分後、慰霊碑に来てくれるそうです」

慰霊碑のある広場に戻り、車のなかでランさんを待った。午後二時すぎ。明るい太陽が燦々《さんさん》と照り付けている。すると、前から土埃を上げながら、一台のバイクが近付いてきた。ランさんだった。私は車を降りて「はじめまして」と挨拶をした。

「ここは暑いので、私の家に行きましょう。バイクで先導します。付いてきてください」。小柄で優しそうな男性だ。

ランさんの自宅はタイソン県タイヴィン社アンカイン村にあった。バイクのあとをつけて、車はのろのろと走り、交差点を折れる。さらに川沿いの砂利道を行くと、目の前にこんもりとした竹林が見えた。その手前のくぼみに車を止め、バイクがかろうじて通れるくらいの農道を歩く。木陰に入ると風が心地よく、カサカサと竹の葉が擦《こす》れる音が聞こえる。バイクを置くために先に自宅に戻ったランさんが家の前で待っていた。

「こちらです。どうぞお入りください」。ロアンと私を招き入れた。

ランさんの自宅には、程よい大きさの庭があり、バナナやマンゴーの木などが植えてあった。家は清潔で、隅々まで美しく整頓されている。

「この前の風で家のトタンが少し剝《は》がれましてね。今日は大工の方に来ていただいているんですよ」

庭先にあった数台のバイクは、ランさんと大工のものだろう。

ここに来た事情をランさんに説明し、ロアンと私は軒下に置かれた椅子に座った。

ランさんはお茶をひと口飲み、ゆっくりと話し始めた。

「……事件は、一九六六年三月六日（旧暦二月一五日）に起きました。私が一五歳のころです。早朝四時か五時ごろに、砲声と軍の移動する音が隣の社から聞こえてきたので、避難壕《ごう》に母と妹と身を隠しました。午前一〇時ごろ、砲声はさらに強くなり、軍が村に入ってきたので、私たちは壕を出て、東に走って避難しました。初めに兵士を見たとき、南ベトナム兵のように思いましたが、話している言葉がわからなかったので、韓国兵だとわかりました。兵士は一〇〇人以上いたと思います」

一瞬、風が止まり、静寂が広がった。

このタイヴィン社で起きた〝ビンアンの虐殺〟は、当時アメリカ軍の港があったクイニョン市からカンボジア国境までの東西につながる国道一九号線確保のための戦闘中に起きたとされる（＊7）。

「あたりでは銃声と爆発音に交じり叫び声がこだましていました。私たち家族は、再び違う避難壕に身を隠しましたが、夕方五時ごろ兵士に見つかり、近くの畑に連れていかれたのです。そこには四〇人以上の村人が集められていました。兵士は村人らに伏せるよう命

“ビンアンの虐殺”事件に遭遇したグエン・タン・ランさん。「私の目に焼き付いたあの惨劇を忘れられるものですか」と涙した。（ビンディン省、2014年2月）

じたあと、容赦なく機関銃を撃ち放ち、手榴弾を投げ込みました。あり得ないほどの血が流れ、内臓や脳みそが飛び散りました」

突然、大工が屋根の上でトタンを釘で打ちつける大きな音がダン、ダンと聞こえ、驚いた私は一瞬ビクンと身震いをした。

「……すると、私たち家族のほうにも一発の手榴弾が飛んできました。足元に落ちる瞬間に、私は飛び退《の》いて転がり、その後、気を失いました。母は両足を吹き飛ばされ、翌日亡くなりました。妹は即死でした。その場で生き残ったのは私を含め三人で、六五人の村人が韓国兵に殺されました」

口調が徐々に速くなるランさん。次第に

表情が険しくなり、怒りと涙を堪《こら》えるのに必死だった。

「当時の傷が両足にあります。触ってみますか?」と、ズボンをたくし上げ、足に残った傷跡を見せた。そして、「ここに入っていた銃弾は、数年前に手術して抜きました。ここと、このあたりの傷には、手榴弾の破片がまだ残っています。すべて排除したいのですが、金属片が多くて、高額になる手術代を工面できないのです」と、説明してくれた。

私はランさんの足に触れた。柔らかい足のなかに異物感がある。ランさんの足に残る無数の傷と金属片が、消せない悪夢を物語っていた。

「『これからのベトナムは韓国との外交が大切なので、過去を忘れる努力をしてくれ』と、事件を経験していない政府の者は言うんです。でも、私の目に焼き付いたあの惨劇を忘れられるものですか」

伊藤正子氏の前掲書には、次のような記述がある。

〈虐殺事件の記憶は、経済発展に邁進《まいしん》することこそが至上命題の現在のベトナム国家にとっては、掘り起こしても何の得もない「歴史」に過ぎない。[中略]つまり韓国軍による虐殺の記憶は、ベトナムでは、ナショナリズムと結びついた記憶にはならない。結びつけようとした時点で、ナショナリズムはほころびてしまうのである〉(＊8)。

未来志向のベトナム政府にとってみれば、「虐殺事件」は、何の得にもならない、単なる「過去の出来事」なのだ。

しかし、事件を経験したランさんの心と体にできた大きな傷は、どれほどの言葉で繕《つくろ》ってても消すことはできないだろう。私はこのとき、「将来のベトナムのために過去を忘れる努力をしてくれと政府の者が言った」との事実により、ランさんの心情と政府の姿勢との間に大きな隔《へだ》たりがあることを知った。ただ、私はランさんの生々しい証言をつぶさに聞いて、心に小さな炎が灯ったような気がした。事件が起きたとされる他の現場の生存者も、ランさん同様の境遇なのだろうか。私は確かめたくなった。

「ベトナム戦時下で起きた「韓国軍による民間人殺害事件」の実相に迫るための私の取材は、ランさんの証言を皮切りに幕を開けたのだった。

長閑《のどか》な村を絶望が襲う

ビンディン省のディエウチー駅でバオ兄と別れ、ロアンと私は、クアンナム省のフォンニ村・フォンニャット村とハミ村を訪れようと、南北統一鉄道の夜行便で北上した。事件が起きたとされるこのふたつの現場は、金賢姫氏の著書が出版されるより前に、「ウィキペディア」で確認し、いつか訪れたいと考えていた場所だ。現場は中部最大のリゾート地・ダナン市に近いため、まずはダナン駅を目指した。

ダナン駅に到着したのは、午前二時三〇分。ディエウチー駅からおよそ六時間の列車移動だった。その間、ロアンは向かいのベッドで寝息を立てていたが、私は一睡もできなかった。数年前の取材中に、ライダイハンの女性デュンさんの言葉で気付かされた「他人の辛い過去を掘り返す意味」と、昼間バオ兄が言った「韓国にとっての暗部を暴く意味」について考え込んでいたのだ。

ダナン駅に到着後、二〇一〇年以降、定宿として利用していたホテルにアーリーチェックインすると、私はそのままベッドに倒れ込んで約二時間の仮眠をとった。起き抜けに中部の郷土料理、ミークアン（麺料理）をロアンと食べ、予約していたレンタカーで、フォンニ村・フォンニャット村に向かった。

ダナン市から国道一号線を約四〇分南下すると、フォンニ村・フォンニャット村があるディエンバン県ディエンアン社に到着した。腕時計の針は午前九時前を指している。

一面に青々とした田園が広がり、農作業をしている人がちらほらと見える。昨日までいたビンディン省の稲は鮮黄色になり、刈り入れを間近に控えていたが、この場所での収穫はまだしばらく先のようだった。列車で六時間北上するだけでこんなにも景色が違うのか、と私は驚いた。薄い雲の切れ間から時折覗《のぞ》く太陽が眩《まぶ》しい。

ロアンと私は、まず「慰霊碑」を捜そうと車を降りた。

車が往来する国道を避けて、脇の農道をしばらく歩く。するとロアンが「あれじゃないですか?」と、田園のなかに何かを見つけた。前方三〇〇メートルほどのところに何かがあるのはわかる。しかし、遠くてそれが何なのか私にはよくわからない。「行ってみましょう」とロアンが早足になった。

凸凹道でも器用に歩くロアン。先を行き、農道の曲がり角で私を待っている。「あれのようですね」と、ロアンが指差した。

緑一色の田園。数十メートル先の木立のなかに小さな廟《びょう》が見える。農道から真っすぐに、細く茶色い道が廟へと続いている。まるで絵画のように美しい風景だ。この長閑な場所で、韓国軍はどんな事件を起こしたというのか。

クアンナム省のフォンニ村とフォンニャット村で起きた民間人殺害事件は、一九六八年二月一二日（旧暦一月一四日）、韓国軍青龍部隊（旅団）が起こしたとされる。

事件の背景を整理してみる。

一九六八年一月末、北ベトナム軍とベトコンによる「テト攻勢」において、南ベトナムの主要都市で一斉に奇襲をかけた「解放勢力」は、ディエンバン県からほど近いカムハー社にあった青龍部隊の駐屯地も攻撃した。それに対抗すべく、青龍部隊は一月三〇日から二月二九日にかけて、旅団規模のいわゆる「怪龍一号作戦」（＊9）を展開。その作戦は「テト攻勢反撃作戦」とも呼ばれている。

伊藤正子氏の前掲書には〈フォンニ村事件は、アメリカ軍と韓国軍との共同行動であったために、虐殺に関する資料がアメリカ軍側にも残った〉との記述がある（＊10）。ただ、私がフォンニ村・フォンニャット村を取材した二〇一四年二月、七四人の死者の名前が刻まれた慰霊碑前の案内板には「韓国（Nam Triều Tiên：南朝鮮）の兵士による虐殺」と記されていた。

ロアンと私は、「ビンアンの慰霊碑」同様に、フォンニ村・フォンニャット村の慰霊碑にも線香を手向け、黙禱を捧げた。慰霊碑の前にはお供え物の黄色いバナナがひと房あり、香炉には消えかけの線香があった。誰かがお参りに来ていたのだろう。

「あの村で聞き込みをしよう」。ロアンと私は農道の先にある小さな村を目指した。

その小さな村がフォンニャット村だった。日用品やお菓子などを扱う商店など数軒で聞き込みをした結果、ようやく事件を知るグエン・ダン・タン翁（八七歳＝二〇一四年二月時点）に辿《たど》り着いた。

自宅を訪ねると、タン翁は土間に置かれた椅子に座って、ひとりでテレビを観ていた。

「シンチャオ（こんにちは）」。扉のない玄関で声をかけた。

タン翁は振り返って私を見ると、「よいしょ」と腰を上げ、くの字になった体で近付いてきた。

「どなたです？」

私が訪問した理由を説明すると、タン翁は「ひとりで家にいても寂しくてね。来客は大歓迎だよ」と喜んだ。

タン翁はテレビを消して、椅子に戻り、「虐殺事件か……」と呟《つぶや》いたあと、表情を変えずに小さな声で話し始めた。

「……この周辺で事件が起きたのは、向こうに見える黄色い壁の家の前だったと聞いています。フォンニャット村の約四〇人の村人が集められ、兵士らは一斉に機関銃を撃ち込んだそうです。事件後、私は生存者や近くの村の住民に聞きました。村人を殺害した兵士らの言葉がわからなかったのでベトナム人ではなかったようです」

数羽の鶏がクック、クックと土間を行き来している。

「私は朝早くに家を出て、いつものように当時働いていたダナン市の家具製造工場に出勤しました。夕方、仕事場で村が襲撃されたらしいことを同じ村から働きに来ていた友人に聞いたのですが、すぐに家に戻ると危険だと思い、数日後に帰宅したんです。村に戻ると、私の家だけじゃなく村全体が跡形もなくなっているのを見て、我が目を疑いました」

風がゴーッと音を立て、玄関から開け放たれた窓へと通り抜けた。

「私の家族は、妻とふたりの娘、息子の四人が犠牲になりました。妻と次女は即死。長女はまだ息があったらしく、事件後すぐに米軍のヘリコプターでダナンの病院に運ばれたと親戚から聞きました。でも運ばれた病院がわからず、長女には会えないまま。その後、病院で息を引き取ったとのことです」

「米軍のヘリコプター？」

「はい」

この作戦の後方には、やはり米軍がいたのか。

「そのとき、一歳の長男は命を取り留めていました。生き残ったフォンニャット村の村人が長男を助けてくれていましたが、事件で体に障害が残り、一〇歳のときに後遺症が原因で死亡しました。私以外の家族全員を失いました。悲しすぎます……」

タン翁は、戸外で風に揺らぐ緑色の稲穂に目をやった。そして、「戦争だから仕方がない」と何度も繰り返し、「そう自分に言い聞かせて生きてきました」と涙を堪えた。

この事件は、米軍と韓国軍の共同行動中に起きたため、関連資料が米軍側にも残った。

二〇〇〇年六月に機密指定解除になった資料のなかに、駐越米軍のウィリアム・ウェストモーランド司令官と駐越韓国軍司令部の蔡命新《チェミョンシン》司令官が事件後に交わした往復書簡があった。ふたりの手紙の内容を、金賢娥氏の前掲書から一部抜粋してみる。

――フォンニ村とフォンニャット村で起きた事件に関して米軍が独自調査をしたあと、一九六八年四月二九日、ウェストモーランドが蔡命新宛てに韓国軍にも調査をするよう依頼の手紙を送る。

〈戦争犯罪の主張や不満が提起されると、私には、適切な手続きを踏んで措置をとれという指示がやってきます。この指示はジュネーブ協定《ママ》署名国としてのアメリカの責任を果たすために下されるものです。

私の指示の遂行のために、ジュネーブ協約《ママ》違反疑惑が提起された事件、つまり一九六八年二月一二日クアンナム省ディエンバン県ディエンアン社のフォンニー村とフォンニュット村で発生したと報告があった事件の調査に、第三海兵上陸軍の要員が着手しました。

〔中略〕

この事件の本質は深刻なものなので、この事件が徹底的に解決されることを待ち望んで

フォンニ村・フォンニャット村の慰霊碑。(クアンナム省、2014年2月)

韓国軍に殺害された妻の遺影を持つフォンニャット村のグエン・ダン・タン翁。(2014年2月)

フォンニャット村の村人約40人が韓国軍に殺害されたとされる場所。(クアンナム省、2014年2月)

います〉
——それを受け、同年六月四日付で蔡命新が返事を送る。
〈本官は、ベトナムの友人との相互信頼と尊敬に基づき、友好的な関係を維持するために、ベトナムの人々の生命と財産を守ることをくりかえし強調してきました。〔中略〕
虐殺があったとする主張は、韓国軍・米軍・ARVN（南ベトナム正規軍）の分裂をはかるベトコンの必死の努力と結びつけて考えると、大量虐殺は陰謀行為であって、共産主義者が無慈悲に演出したものだという論理的結論に至ります。〔中略〕
結論を下すならば、明らかに韓国軍はジュネーブ協定《ママ》に違反するいかなる事件にも、決して関与していません〉（＊11）
蔡命新は韓国軍による調査の結果、フォンニ村・フォンニャット村での事件をベトコンによる「陰謀」だとし、韓国軍はジュネーブ条約に違反する事件に関与していないとした（引用文中の「ジュネーブ協定」と「ジュネーブ協約」は、文脈から判断すると、いずれも第一次インドシナ戦争後の「ジュネーブ（休戦）協定」のことではなく、戦闘外にある捕虜や住民などの保護を目的とした国際条約「ジュネーブ条約」を指すと思われる）。

タン翁の誠実に話す姿を見た私は、この事件をベトコンの「陰謀」とはとても思えなかった。慰霊碑前の案内板には、「韓国軍による虐殺」だと明記してある。タン翁と蔡命新司令官の言い分があまりにかけ離れていた。蔡命新司令官は本当に調査をしたのだろうかとさえ疑う。

ロアンと私はタン翁の家を出て、車までの農道をふらふらと歩いた。涙を堪えながら「戦争だから仕方がない」と自分自身に言い聞かせているタン翁の言葉が、私の頭のなかでぐるぐると渦巻いた。

閉ざされた「慰霊の言葉」

ロアンと私はフォンニ村・フォンニャット村をあとにし、レンタカーでハミ村に向かった。世界遺産の古都・ホイアン市の北三キロメートルに位置するハミ村は、一九六八年一月から韓国軍青龍部隊が駐屯していたカムハー社のそばにある（＊12）。

フォンニ村・フォンニャット村からハミ村まで車で約二〇分。車内ではロアンも私も無言だった。昨日のビンディン省のランさんの証言と、先ほどのフォンニャット村のタン翁の証言を聞き、気分が落ち込んでいたのだ。

「ほら、ハミ村の慰霊碑に着いたぞ」。ドライバーが沈黙を破り、我に返った。

大きな敷地のなかに、慰霊碑がそびえ立っていた。敷地の四方は柵で囲まれている。入口の門扉にはチェーンが巻かれ、大きな南京錠がかけられていた。

〝ハミの虐殺〟とは、一九六八年二月二四日(旧暦一月二六日)にクアンナム省ディエンバン県ディエンズオン社ハミ村で一三五人の民間人が殺害された事件を指す。フォンニ村・フォンニャット村の事件から一二日後のことだ。この地域は、カムハー社の韓国軍駐屯地に近く、ダナン市にあった米軍基地からも近かったため、それらを攻撃対象にするベトコンの活動も活発だった(*13)。その反動のせいか、クアンナム省での民間人が犠牲となった事件が、ハミ村やフォンニ村・フォンニャット村のほか、トゥイボー村(現チャウ・トゥイ村)などで多く発生した(*14)。

「これが『例の』慰霊碑か……」と、私は心のなかでつぶやいた。

ハミ村の慰霊碑は、ベトナム側と韓国側、双方のさまざまな人びとの押し問答の末に今の形でここに建立された。私はそのことを金賢娥氏の著書で知った。伊藤正子氏の前掲書には、その全容が詳述されている。

〈当時の青龍部隊に属していた軍人たちが、ベトナムと韓国の関係が改善した後にこのハミ村を再訪し、自分たち（越南参戦戦友福祉会）で集めた寄付金で立派な追悼碑を建立した。しかし追悼碑に彫られた詩の内容をめぐって紛糾し、韓国外交通商部を通じて追悼碑の内容を書き換えるよう圧力をかけることになった。これに対しベトナム側は、国家レベル、省レベル、村レベルで当初バラバラの対応をしていくことになる〉（＊15）

『ハンギョレ21』によると、一九九九年九月、ハミ村を訪れた青龍部隊の元軍人グループが二万五〇〇〇米ドル（約二七五万円）を慰霊碑建設のために寄付し、二〇〇〇年五月に起工式が行われた（二〇〇一年四月二四日、第三五六号）。慰霊碑建設にあたり、ハミ村が属するディエンズオン社が慰霊碑と周りにある集団墓地建設のための土地を提供し、村人らは労働力を提供したという。二〇〇〇年一一月に完成した碑の前面には、ハミ村で犠牲になった一三五人の名前が刻まれ、裏面には、村に「詩才があるから」と依頼された地元紙『クアンナム新聞』の記者、グエン・ヒュー・ドーンによる碑文が彫られた（＊16）。

以下が、碑文の日本語訳された全文だ。

〈歴史書の記録によれば、海と川が混じり合うディエンズオンに、貉龍《らくりゅう》・鴻厖《ぼうこう》〔ベトナム人の先祖とされている伝説上の人物たち〕の子孫がホアインソン山脈〔Hoahn Son〕を越えて南へ南へと開墾して、いまから五百年前、国家の記憶をつくった。人びとはハミ村をつくり、田畑を耕し、漁を捕《ママ》り、野菜を育てて平和に暮らしていた。天は平穏で地が穏やかなときまでは。

しかし、暗雲が立ちこめ、雷が鳴り、かれらがやってきた。かれらは土地を荒廃させ、波風を立て、住民を戦略村に追いやり、村を、故郷を棄てるほかなくさせた。かれらは私たちに断腸の苦痛をもたらした。住民は土地と川と海を失い、田畑を耕し魚を捕まえる生業まですべて失った。その悪徳さを言い尽くせるだろうか。頭が地面に転がり、血が川のように流れ、あたかも乾ききった髪の毛がばらばらと抜けるように、椰子《やし》の葉が枯れ、荒廃していった。涙が池をなし、一瞬で砂原が灰となり、ハザー〔Ha Gia〕の森は枯れ木だけになった。ケーロン〔Khe Long〕の船着き場には死体が積み重なった。

一九六八年の早春、陰暦一月二六日、青龍部隊の兵士が狂ったようにやってきて人々を虐殺した。ハミ村三五家族のうち一三五名を殺した。ここは血に染まり、砂と骨とが入り交じり、家は焼かれ、火に焼かれた死体がからみあい、焼けた死体をアリがかじり、血のにおいが満ち満ちていた。爆風が吹き抜けると、さらに悲惨だった。

破壊された家では年老いた母や父が呻《うめ》きながら死に、子供たちは恐怖におびえた。逃げた人は銃撃されて死亡、子供は死んだ母親のもとに這って行きお乳を吸った。もっとひどいのは、戦車で遺体を踏み潰したことだ。暗闇がこの地を覆った。草が枯れ、骨も枯れた。魂は眠れずにあちらこちらとさまよい、憤怒は青天にまで達した。

しかし天は暗くともいずれは晴れる。

わが故郷がふたたび平安につつまれ幸福になって二五年。

ディエンズオンの地にもサトウキビが育ち、稲が青々と実り収穫され、海と川では魚もエビも豊富に獲れる。共産党が道をつくり、荒涼とした平原を開拓していった。過去の戦場はすでに苦痛が和らぎ、韓国人がここを再訪し、恨めしい過去を認め、謝罪した。そして赦しのうえに、この碑石を建てたのである。

私たちは人道的な仁義によって故郷の発展と協力をとげることになるだろう。

この砂浜とポプラの木が、虐殺を記憶するであろう。
党地区政権とディエンズオンの住民、これを捧げる。
庚辰年〔二〇〇〇年〕秋八月〉（＊17）

碑文の中盤には青龍部隊による事件の様子が生々しく描写され、ベトナムと韓国両国の未来を見据えて締め括られている。そのことを現地で確認した青龍部隊の元軍人らは、殺《さつ》戮《りく》行為がありありと書かれた内容に耐えられず、猛反発をする。そして韓国外交通商部を通し、詩の内容の一部修正と部分的削除をベトナム政府に要求した。韓国側の抗議を受け入れたベトナム政府は、ハミ村のあるクアンナム省の人民委員会に圧力をかける。すると今度はクアンナム省がハミ村の村長を通し、ディエンズオン社の住民らを説得。しかし住民らは、〈当初、真実が書かれているだけなのになぜ消さなければならないのだと言い合い、「そのようなことをするのは悲しすぎる」と言って、しばらく上からの要求を無視していた〉（＊18）。

地元住民らはベトナム政府の圧力に抗《あらが》った。しかしながら、住民らはいつまでも抵抗

碑文に蓋をして2002年にようやく落成式を迎えることができたハミ村の慰霊碑。(クアンナム省、2015年6月)

韓国軍青龍部隊元兵士らの反発により、石板を重ねて蓋をしたハミ村の慰霊碑。このなかにグエン・ヒュー・ドーン記者の碑文が眠る。(クアンナム省、2015年6月)

を続けることはできず、〈歴史を歪曲《わいきょく》して記録するよりは、むしろ記録しない方がよい〉と主張し、修正、削除するくらいなら「蓋《ふた》をしよう」と、碑文に蓮の絵柄を彫った石板を重ねて蓋をしたという（＊19）。

そうしてハミ村の慰霊碑は、二〇〇二年にようやく落成式を迎えることができたのだ。

私はハミ村の慰霊碑に線香を手向け、犠牲者一三五人の名前が刻まれた碑と、裏側の蓮が描かれた石板をカメラに収めた。この石板の内側に彫られた先の碑文は、いつか日の目を見ることがあるのだろうか——そう思いながらロアンとともにハミ村をあとにした。

地元新聞社がまとめた惨劇の記録

二〇一四年二月の渡航から四か月後の同年六月、私はフーイエン省の省都トゥイホア市に初めて降り立った。

前回訪れたビンディン省タイソン県とクアンナム省ディエンバン県のフォンニ村・フォンニャット村、そしてハミ村での聞き取り調査を終え、日本での仕事のためいったん帰国をしていた。帰国後に聞き取りをした資料をまとめ、金賢娥氏の書籍などと照らし合わせることで、少しずつだが、ベトナム戦争中に韓国軍が犯したとされる事件のいくつかが見え始めてきた。そして今度はフーイエン省で聞き取りをしようと思い、再び渡越したのだ。通訳は「お義母さんが田舎から来て、子どもの面倒を見てくれているから大丈夫」と、いつものダオが同行してくれた。

フーイエン省は、ビーチリゾートで有名なニャチャン市があるカインホア省の北に隣接している。ビンディン省に次いでマグロの漁獲量が年間約四〇〇〇トン（二〇一三年。＊20）と、遠洋漁業が盛んな省だけあって、新鮮なマグロ料理が安く食べられる専門店がトゥイホア市内には数軒ある。

南北統一鉄道のトゥイホア駅に降りると、ダオがドライバーをつかまえて、いつも通りホテルまでのタクシー料金の交渉を始めた。気が利《き》くダオは、明日からのレンタカーの交渉も同時にしてくれているようだ。

ダオが駅前広場で最初に声をかけた三五歳のドライバー、ホー・ミン・サン兄は、「酒」

「タバコ」「ギャンブル」を一切しない真面目で堅実な男だった。インテリアのセールスマンをしていた時代に貯めたお金で、一五人乗りのワゴン車を購入し、転職。利用客の少ないフーイエン省の田舎町で妻と三人の子どものためにレンタカーのドライバーとして必死に働いていた。

駅前からホテルに向かう車のなかで、サン兄は「外国人を乗せるのは初めてだ。このあたりにはあまり来ないから」と言った。

フーイエン省には、海岸沿いに推定三万五〇〇〇本の浅黒い玄武岩が形づくるダーディア岩礁や、ベトナムで一番早く朝日が見られるという本土最東端、ムイディエン岬などの美しい景勝地がいくつもあるが、交通の便があまり良くないうえ、リゾートホテルのような宿泊施設もなく、外国語も通じにくい。外国人が短期間の休暇でベトナムを訪れるなら、ハノイ市、ダナン市、ホーチミン市の三大都市を選ぶのが一般的だろう。

「ここには遊びに来たのか？」。サン兄が聞いた。

「仕事一割、遊び九割だ」と私が半ば冗談で返すと、サン兄はぷっと噴き出し、「明日はどこに行く予定だ？」と続けた。

「ドンホア県だ」

「えっ？　ドンホア県？　何もないところだぞ。友だちでもいるのか？」

「いや、いない……」

そう話をしている間にホテルに到着した。ダオと私が荷物を降ろすと、サン兄は「明朝九時だな」と言いながらも、私の答えが曖昧《あいまい》なままだったためか当惑した顔で去っていった。


翌朝九時前、私がロビーに下りると、ホテルの前に車を停め、外のベンチに腰掛けているサン兄の後ろ姿が見えた。近付くと、ベンチの下に落ちていた枯葉の葉柄を左の指でつまみ、葉をくるくると回しながら口笛を吹いていた。

サン兄は私に気付き、「朝ごはん食べたか？」と聞いてきた。ベトナムでは「朝ごはん食べたか？」が「おはよう」と同じ意味合いを持つ定番の挨拶だ。私は「食べたよ」と笑顔で返した。

トゥイホア市の朝は、ゆったりとした時間が流れていた。小鳥のさえずりで目が覚め、窓を開けると微かに潮の香りがした。南部の大都市ホーチミン市のようなけたたましい音も、街に溢れる生ゴミが混じりあう異臭もない。ダオと私は、香草をたくさん入れたチャオガー（鶏肉入りおかゆ）の朝食で久しぶりの爽やかな朝を迎えた。

「今日はドンホア県に行くのか？」。サン兄が聞いてきた。

「うん。その前にフーイエン新聞社に行ってほしい」

「フーイエン新聞社？」と、サン兄は何か言いたそうだったが黙っていた。

韓国軍によって事件が引き起こされたとされる事件の現場はフーイエン省に点在しているうえ、広範囲に及ぶ。ある程度、目標を絞らないと取材費用も時間もかさんでしまう。そのため、まずは、『フーイエン新聞』のオンライン版にあった「韓国兵との戦い」（＊21）という、一九六六年にフーイエン省ドンホア県の二社で韓国軍青龍部隊が行った作戦の詳細が書かれた記事を手掛かりに、情報を得ようと思ったのだ。


フーイエン新聞社は、チャンフービーチ近くの区画整理された官庁街の一角にあった。かなり大きな敷地のなかにクリーム色をした三階建ての社屋がどっしりと構えている。受付で事情を説明すると、すぐにひとりの男性が「編集長のファン・タン・ビン（五四歳＝二〇一四年六月時点、二〇二一年七月時点では前編集長）です。ようこそ！」と笑顔で出てきた。

私はビン編集長と握手を交わし、ロビーのソファーで訪問理由を話した。すると「少し待っていてくださいね」と立ち上がり、編集局長室から二冊の書籍を持ってきた。それは、ビン編集長が編纂《へんさん》したという地元の郷土史をまとめた本だった。

「私は歴史が大好きで、約二年かけてフーイエン新聞社の記者や友人らと一緒に資料研究・聞き取り調査を行いました。これらがその集大成です。タイホア県のホアドン社とホアミー社の郷土史をまとめたものですが、他県も現在進行中です」

ビン編集長は、書籍をペラペラとめくり、「韓国軍による虐殺事件についてはこのあたりに書かれていますね」と説明した。

ともに三センチメートルほどの分厚い本のそれぞれに、ベトナム戦争時代に起きた事件に関する証言の記録があった。以下はその概要だ。

●ホアドン社フーミー村では村人三〇人全員を撃ち殺したあと、三つの井戸に放り込み、手榴弾を投げ込んで、何事もなかったかのように隠蔽《いんぺい》した。

●韓国兵一〇人がひとりの若い女性を集団でレイプし、女性はその後、撃ち殺された。
●ホアミー社チュオン村では一六人が殺害された。一家六人が死亡した家では、高齢者二人、妊婦一人、障がい者一人が含まれていた。
●ホアミー社ミートゥン村とクアンフー村では七人の女性を捕らえ、兵士らが代わる代わるレイプしたあと、女性ふたりの喉を銃剣で突き殺害。残り五人の女性を森へと連行し、裸にさせてきつく縛り、韓国兵のトップらが輪姦をした。その後、五人の女性と乳児ひとりを刺し殺した。

目を覆いたくなるような惨劇が克明に描写されていた（＊22）。

「この二冊の本には書かれていませんが、作成中の他県の聞き取り調査では、『婦女を輪姦し、乳房をナイフで切り取ったあと、女性器を銃剣でかき回して殺害』『兵士が持つ銃剣に、輪投げのように乳児を投げて殺害』など信じられないような証言をいくつも聞いています」と、ビン編集長は静かに話した。事件が起きたとされる村で韓国兵がとった行動は、とても正気の沙汰とは思えないものばかりだ。

「今日はこのあと、どちらに行かれますか？」

フーイエン新聞社。(フーイエン省、2016年9月の取材時)

フーイエン新聞社のファン・タン・ビン前編集長。(フーイエン省、2014年6月の取材時)

「昨年六月の『フーイエン新聞』の記事を参考に、ドンホアン県のホアヒエップナム社（＊23）に行こうと考えています」

「ホアヒエップナム社ならダグウ村のヴンタウ集落（現フーラック村）に一九七五年に建立された石碑があります。それと、ヴンタウ集落近くのトーラム村に住む彼を訪ねたらいいでしょう」とビン編集長は胸ポケットからスマートフォンを取り出し、事件の生存者、ファム・ディン・タオ（五七歳＝二〇一四年六月時点）という男性の電話番号を教えてくれた。

ベトナム戦時下で起きた韓国軍による民間人殺害事件に関する証言を、地元新聞社がまとめていることを、私はこのとき初めて知った。その情報を惜しげもなく提供してくれたビン編集長。フーイエン新聞社への訪問は、想像していた以上の成果があった。

「私は日本が、日本人が大好きなんです。美しい街並みと自然に囲まれ、人びとは真面目で、謙虚で、親切で。私でお力になれることがあれば、なんでもおっしゃってくださいね」と、ビン編集長は満面の笑みで私の肩を抱いた。

憎悪碑か、慰霊碑か

フーイエン新聞社でビン編集長に事件の詳しい情報をもらった私は、いつも以上に取材に向かう志気が漲《みなぎ》っていた。私たちは、ホアヒエップナム社に向かって、トゥイホア市内を南下した。

トゥイホア市近郊を流れるダラン川を越えて海岸沿いの道路を走る。国道二九号線と交わった先を山手の方へ少し入ると、ドンホア県のヴンタウ集落に到着。車でおよそ三〇分だった。村の入口にある鬱蒼《うっそう》とした森の陰に高さ二メートルを超える石碑が人知れず建っていた。風雨にさらされ、ところどころ黒ずんだ石碑が、建立されてからの長い年月を感じさせる。

フーイエン省ドンホア県ホアヒエップナム社ダグウ村ヴンタウ集落（＊24）で事件が起きたのは、一九六六年一月一日（旧暦一九六五年一二月一〇日）朝七時ごろとされる。村の北側から押し入ってきた韓国軍の攻撃により、瞬く間に住民三七人がその場で命を落とした。そのほとんどが老人、女性と子どもたちだったと、私は先ほど訪れた『フーイエン新聞』のビン編集長に聞いた。

ヴンタウ集落のあるダグウ村に住む元ベトコン兵士ファム・トゥアさん（七五歳＝二〇

一七年三月時点）の話によると、韓国軍は、ダグウ村一帯の森を切り拓いて基地を作る予定だった。当初、韓国軍は民間人とベトコンを分けて、民間人を保護しようとしていたが、韓国兵らは両者の区別ができず、村人の殺害に及んだという。

「慰霊碑があるな。写真を撮っておこう」と私が言うと、ダオが「これ、慰霊碑じゃないですね。『憎悪碑』って書いてあります」と指摘した。

近付いてみると、確かに石碑の上部にベトナム語で「憎悪碑」と刻まれている。今まで私が取材をしてきた他の慰霊碑のように、石碑の下部にあったと思われる犠牲者の名前は、明らかに故意に削り取られていた。

金賢娥氏の前掲書には、〈主に、虐殺現場に建つこの碑は、大部分は地方政府が建てたものである。一九八六年のドイモイ以前に建てられた碑は、憎悪碑という名前がつけられ、事件が起こった年と日時、死んだ人の名前が記されている〔こともある〕。しかし、ドイモイ以後に建てられた碑は慰霊碑と刻まれている。過去に蓋をし未来を見ようという社会的な雰囲気が碑にも現れたものとみられる〉との記述がある（＊25）。

ヴンタウ集落の石碑は、終戦後間もない一九七五年に建立されたというから、「慰霊碑」ではなく「憎悪碑」と彫られたのだろう。

私が「憎悪碑」の写真を撮っていると、バイクで通りがかった中年男性が「何をしてるんだ？」と声をかけてきた。私が男性にここに来た事情を説明すると、「この路地の奥に事件を知る、グエン・ティ・マン（六八歳＝二〇一四年六月時点）という女性が住んでるよ」と親切に案内までしてくれた。

「憎悪碑」がある広場の横を入り、コンクリート舗装された小道を少し歩くと、私を出迎えるかのように一羽の鶏が「カ、カ、カケコー」と飛び出てきた。鶏が出てきた家の前で「マンさん、お客さんだよ」と男性が声をかけた。世話好きな男性の姿に、私は「田舎の人は全員知り合いなのかな」と思い、くすりと笑った。

洗い物をしていたのか、手をタオルで拭きながらマンさんが家のなかから出てきた。マンさんは、私を見るなりほころんでいた顔を急に強張《こわば》らせ、「韓国人かい？」と小声で言った。

「いいえ。日本人です」。そう私が答えると、マンさんの表情は少し和らいだ。

ベトナム中部の取材を始めてから、ライダイハンが住む村や韓国軍による民間人殺害事件が起きたとされる村で、私は韓国人に間違えられることが多くあった。特にベトナム戦争を知る世代の人からは、露骨に無視されることがあり、明らかに煙たがられているなと感じたこともある。

「ひと月ほど前、韓国人数名が石碑にお参りをしているところを見かけたんです。韓国人を見ると今でも恐ろしくて」。そう言いながら、マンさんはダオと私を自宅に招き入れた。そして事件当時の様子をゆっくりと語り出した。

「……日が昇ると同時くらいにヘリコプターの音が聞こえ、北の方角から韓国兵が村に押し入ってきました。村人らは家に隠れているとベトコンだと誤解されるので、家族を集め、外に出たんです。男たちは殺されるからとほぼ全員がその場から逃げました。すると、老人や女、子どもばかりがよくわからないまま広場に集められていました。まさか、女、子どもに手を出さないだろうと思っていたら、韓国兵らは銃で狙いをつけたんです。みな驚き、命乞いをしました。しかし韓国兵は、命乞いする彼らを次々と撃ち殺し、そして最後に手榴弾を投げ込んだのです。少し離れた木の陰で事件の様子を見ていた私は、おじに手を引かれて一緒に山の奥へ逃げて助かりました」

そう言って、マンさんは悲壮な表情を見せた。

私は、先ほどから気になっていた「憎悪碑」の下部にあったであろう削り取られた文字のことをマンさんに尋ねた。

「ええ。あの石碑には昔、隣接するダグウ村とトーラム村の二つの村で犠牲になった八〇名の名前が彫られていました。でも、知らぬ間に名前が削られていたんです。いつ、誰が削ったのかは、私はわかりません。消されたことを知ったのは、もう随分前です」


私の取材の基本スタイルは、時間の許す限り、同じ取材対象者に繰り返し会うことだ。そうすることで、取材対象者との距離が縮まって信頼関係が生まれ、最初は口をつぐんでいても、ある日突然、話しにくい事実を明らかにしてくれることがあった。また、何度も訪問することで、彼らが住む町の変化に気付けたりもした。この年（二〇一四年六月）に会ったマンさんも例外ではない。

私は、フーイエン省の取材で近くに行けば、必ずマンさん宅を訪問した。そして、マンさん宅を訪問するたびに、そばにあるヴンタウ集落の石碑の「変化」を目にすることになった。

戦後まもなくに建立された石碑は、二〇一六年八月、碑の上部に「憎悪碑」と書かれたまま色が白く塗り替えられた。さらに二〇一七年一〇月、碑はその形状を変え、「慰霊碑」と書き改められて犠牲者八〇名の名前が刻まれた（＊26）。「慰霊碑」となった後の二〇一八年二月、ヴンタウ集落を取材したとき、かつて『フーイエン新聞』のビン編集長が語った言葉を思い出した。

「一九九二年の越韓国交回復後、両国の関係は次第に良くなっています。現在、ベトナム政府は過去を忘れるために、韓国軍による民間人殺害事件があったとされる村の『憎悪碑』を『慰霊碑』に変えていこうとしています」

石碑からは〝憎悪〟の文字が消えたとしても、事件を経験した被害者たちの心から消えることはないだろう。

グエン・ティ・マンさん。「韓国兵は命乞いする人々を次々と撃ち殺した」と話す。（フーイエン省、2014年6月）

戦後まもなくに建立され、風雨にさらされてところどころ黒ずんだヴンタウ集落の「憎悪碑」。（フーイエン省、2014年6月撮影）

2016年8月に「憎悪碑」と書かれたまま色が塗り替えられた（2016年9月撮影）

「憎悪碑」は、2017年10月に色と形が変わり、「慰霊碑」となった（2018年2月撮影）

生涯癒えない〝恨み〟の傷

私はマンさんの家を出て、『フーイエン新聞』のビン編集長が紹介してくれたトーラム村に住むファム・ディン・タオさんに会うため、家に向かった。タオさんが住むドンホア県ホアヒエップナム社トーラム村には五分余りで到着した。

村に入り、タオさんが事前の電話で待ち合わせ場所に指定してきた「道路沿いのよろずや」をサン兄が探した。トーラム村は小さく、目抜き通りは辛《かろ》うじて舗装されているものの、小道は未舗装の土の道がほとんどだった。「ここじゃないですか？」とサン兄が一軒のよろずやをすぐに見つけ、店の向かい側に車を止めた。私が車を降りると、店のなかから左側の口元に大きな傷跡が残る男性がそっと出てきた。

私が「先ほどお電話した……」と切り出すと、「買い物に来ていたんです。オレの家に行きましょう」とタオさんは早口で私の話を遮った。そして車の窓を開けたサン兄に「付いてきて」と言い、自分のバイクに跨《また》がった。

舗装された道路を曲がり、黄土色の道に入った。前を行くタオさんのバイクが大きく窪《くぼ》んだ穴を鮮やかに避《よ》けて進む。緩いカーブを曲がり、小さな雑木林を抜けたところにタオさんの家があった。

通訳のダオと私は車を降り、こぢんまりとした庭を通り抜けて、タオさんに導かれるまま自宅の土間にある椅子に座った。サン兄も車を降り、玄関の扉の横で黙ってこちらを窺《うかが》っている。家のなかには椅子に座ったままぼんやりしているタオさんの父親、ファム・チュンさん（八八歳＝二〇一四年六月時点）がいた。

タオさんは先ほどの店で買ってきたシャンプーや石鹸《せっけん》などの商品をビニール袋から出して、整理しながら、ぶっきらぼうに「事件のことが聞きたいのか？」と聞いてきた。

タオさんの急な言葉に驚いて、私が「は、はい」と返すと、タオさんは台所から急須と茶飲みを持参し、お茶を淹《い》れて向かいの椅子に座った。

「あなたからの電話の前にフーイエン新聞社のビンさんから電話があったよ……」

ビン編集長はわざわざ電話で我々の来訪予定を知らせてくれていたようだ。

タオさんは、「苦しくなるから、事件の話はもうあまりしたくないんだ」と眉間《みけん》に皺《しわ》を寄せ、不機嫌な表情になった。私は何も言わず、じっと黙っていた。いや、何も言えなかったのだ。ビンディン省のライダイハンの女性、デュンさんに問われた「他人の辛い過去を掘り返す意味」と、ビンディン省のドライバー、バオ兄に問われた「韓国にとっての暗部を暴く意味」が再び、脳裏をよぎった。

しばらくすると、タオさんはガラステーブルの天板に反射する光源の一点を見つめて静かに話し始めた。

「……事件はオレが九歳の一九六六年五月一四日（旧暦三月二四日）の午前一〇時ごろに起きた。村から一〇〇メートルほど離れた場所で、父とオレは牛の放牧をしていたんだ。そうしたら三〇〇人以上の兵士が不意を突いて、あらゆる場所から村に突入し、村人を次々と殺害していくのが見えた。いつも静かな村が一瞬にして炎に包まれ、銃の音、爆撃音、村人の狂ったような叫び声があたりに響いた。トーラム村全体で四三人が殺害され、村で生き残ったのは父とオレだけだ。この事件でオレの家族は親戚を含め一七人が殺害された」

タオさんは斜め横に座っていた父親チュンさんの顔を見た。チュンさんは何も言わずタオさんの顔を見つめている。

「オレは突然の出来事に驚き、畦道《あぜみち》を走って逃げた。そのときに畦道で擲弾銃《てきだんじゅう》が破裂して顔や足に被弾し、ショックで意識を失った。気が付くと村近くの病院で韓国軍に拘束されていたんだ。そこでようやく、村で起きた事件は韓国軍による仕業だということを認識した」

意識が戻ったタオさんに、韓国軍の通訳が「ベトコンの基地を教えろ！」と何度も何度も尋問した。しかしタオさんは「子どもだから知らない」と言い張ったという。

「当時、オレは子どもながらに韓国軍がトーラム村でしたことを許せなかった。二週間余り拘束され、解放されたあとも怒りは収まらず、韓国兵を皆殺しにしてやろうと思って、ベトコンの少年ゲリラになった。しかし、しばらくして今度は米軍に捕らえられ、韓国軍のときと同じように『基地を教えろ！』と、血まみれになるまで米兵に拷問されたんだ」

私はタオさんに勧められ、濃いジャスミンティーをひと口飲んだ。喉が渇いていたのだろう。苦味が体中に染みわたった。

「この顔の傷は、韓国兵が発射した擲弾銃の破片が当たったときの傷と、米兵に捕らわれ拷問されたときにできた傷。つまりオレが生涯背負わなければならない〝恨み〟の傷なのさ」

　タオさんの鋭い目から大粒の涙がこぼれた。怒りを抑えるため、テーブルについた両手は小刻みに震え、力を込めているのがわかる。斜め前にいた父親のチュンさんはひとこと、

「私たちにとっての人生は辛く苦しいものです」と言った。

　今までの取材のなかでは、こうもはっきりと敵らを〝恨んでいる〟と言った人はいなかった。タオさんの言葉を聞いた私は、全身の力が一瞬にして抜けるようだった。初めて聞く被害者らの本音が、私の胸に響いた。

　そして、タオさんは最後にこう言った。

「今、韓国人にもアメリカ人にも〝恨み〟はない。ただ、家族の命日が近付くと、当時の事件を思い出し、涙が溢れ、やり場のない怒りで体が震えるんだ」

　口では〝恨み〟はないと言うものの、生涯癒えない〝恨み〟の傷が、タオさんの心と体に色濃く残っていた。

　真っ白だった太陽が西の空を茜色に染め始めたころ、私たちは取材を終え、帰路につい

トーラム村のファム・ディン・タオさん（右）と父親のファム・チュンさん。タオさんの顔には、韓国軍の攻撃と米軍による拷問の傷が残る。（フーイエン省、2014年6月）

た。来るときに通った海岸道路を走っていると、無言の車のなかでサン兄が口を開いた。「フーイエン省はマグロが有名なんだよ。食べに行かないか？」。取材で気分が落ち込んでいた私の姿を見て、サン兄なりの心遣いをしたのだろう。「いいね。行こう！」と私はできるだけ気丈に振舞った。

トゥイホア市内中心部の路上屋台でダオとサン兄の三人でブンボーフエ（ベトナムの麺料理）を食べたあと、マグロ料理の専門店に行った。

サン兄がオススメだと言うマグロ料理を頼み、店外のテーブルで潮風にあたりながらダオと私はビールを飲んだ。すると半解凍のマグロの赤身と薬味がテーブルに並んだ。フーイエン省は年間を通して気温の高い熱帯モンスーン気候帯に属している。生魚をそのまま食べるのは危険なため、マグロを一度急激に冷凍させて寄生虫を死滅させているらしい。

サン兄は「これをこうして……こうして……そして、こう。これがフーイエン省のマグロの食べ方だ」と言いながら、たまり醤油の皿にチリソース、輪切り唐辛子、生姜《しょうが》、ピーナッツ、ライム、そして日本語で「わさび」と書かれたチューブの半分ほど、次々と薬味を入れる。「おい。大丈夫か？ これじゃ辛すぎて味わえないだろう」と私は呆《あき》れて、首を横に振った。

サン兄は私に、からし菜とシソの葉を重ね、グリーントマトのピクルスとマグロの赤身を包み、「まあ、食べてみろ」と手渡した。

「これを、これに浸して食べるのか？」

「ああ。フーイエン省に来た洗礼だ」

私は恐る恐る口に運び、ひとくち齧《かじ》って、「辛っ！」と叫んだ。苦味や、今まで味わったことのない辛味と同時に半解凍のシャリッとした歯ごたえが口のなかに広がった。

今日一日、取材をともにしたサン兄が、笑いながら「ボクはフーイエン省で生まれ育ったけど、知らないことだらけだったよ」と言い、小さな声で「ありがとうな。フーイエン省の声にならない声を拾いあげてくれて」と呟いた。

ベトナム戦争中に米軍や韓国軍によって民間人が殺害されたことは、ベトナムの歴史教科書には全く書かれていない。そのため、現在四〇代以下の戦後生まれの若者たちのなかには、事件のことを知らない人も多いのだ。

私は、サン兄の「ありがとう」という言葉を聞いて、嬉しいような照れくさいような、不思議な感情に包まれた。まだ世に知られていないベトナム戦時下で起きた事件の真実に迫りたい――そんな個人的な動機ではじめた一連の取材が、ベトナムの戦後世代の心に響いているのだろうか。

辛いマグロのせいか、サン兄の言葉のせいか、上を向いた私の頬を一筋の涙が伝った。

タンさんの想い

その出来事は、二〇一五年四月中旬、通算三八回目のベトナム取材から帰国して間もなくに起きた。二〇一四年二月にビンディン省で取材した〝ビンアンの虐殺〟事件の生存者であるランさんと、フォンニ村・フォンニャット村で起きた民間人殺害事件の生存者、グエン・ティ・タンさん（五五歳＝二〇一五年六月時点）、そしてホーチミン市戦争証跡博物館のヴァン氏の三人が韓国を訪れ、懇談会などでベトナム戦争時代に起きた「韓国軍による虐殺事件」の真相を語ったというのだ（＊27。第五章の「三人の訪韓」で詳述）。

「あと一週間早くこのニュースを知っていれば、彼らの帰国を待ってベトナムで取材できたのに……」。そう思うと、とても残念だった。

前回（二〇一四年二月。第三章の「長閑な村を絶望が襲う」参照）、私がフォンニャット村でタン翁の取材をしたとき、隣村のフォンニ村にも事件を知る女性（グエン・ティ・タンさん）が住んでいると聞き、彼女の家を訪ねたが、留守のため会えていなかった。私は彼女にも事件当時の話を直接聞きたいと思い、二〇一五年六月、クアンナム省のフォンニ村を再訪した。

最初にフォンニ村・フォンニャット村の慰霊碑にお参りをし、その足でタンさんが留守でないことを祈りながら家へと向かった。タンさんの家は、慰霊碑から歩いて五分ほどのところにあった。タンさん宅に到着し、私は玄関で「シンチャオ」と声をかけた。すると家の奥から「はーい」と、元気な声が聞こえ、ふたりの子どもと一緒に丸顔の女性が出てきた。私が日本で読んだ記事の写真と同一人物だ。

「孫のお守りをしていたんです。この子たちがなかなかお昼寝をしてくれなくて」。両側に、男児と女児の肩を抱いて彼女は笑った。

昼寝の時間に伺ってしまった。ベトナムでは昼寝の習慣があることをすっかり忘れていた。

「すみません。うっかりしていました。出直します。今日はおうちにいらっしゃいますか？」

「いえいえ。いいんですよ。何のご用でしょう？」

間髪を容れずに私は聞いた。

「私は日本のジャーナリストです。韓国軍がベトナム戦争中に犯したとされる事件について調べているんですが、先々月、韓国へ行かれていましたよね？　ニュースで見ました。

そのときのお話と、この村で一九六八年二月一二日に起きた事件のことをお聞きしたくてお邪魔したんです」

タンさんは突然顔色を変え、刺すような視線を寄越してきた。そして、「この子たちを寝かしつけますので、しばらくお待ち願えますか?」と言い、ふたりの孫を連れて寝室へと消えた。

まもなく、タンさんがひとりで戻ってきて、仏壇に置いてあった母親らしき一枚の遺影写真を手に取り、椅子に座った。すでに悲壮な顔つきになっている。

タンさんがフォンニ村で事件に遭遇したのは七歳のときだった。朝食後、親戚や近所の子どもたちと遊んでいると、自宅近くで銃声が響いた。米軍の砲撃に備えて家のなかに掘っていた避難壕に、市場に買い物に出ていた母親以外の全員がとっさに逃げ込んだ。壕にはタンさん、兄、姉、弟の四人と、彼らの世話に来ていた近所に住むおばと、おばの息子、兄の友人の七人が身をひそめていた。

銃声は徐々に近づき、韓国兵が家に押し入ってきた。そして、壕にいるタンさんらを見付けると、「出てこい!」と手招きし、手榴弾で脅かしたという。怯《おび》えた姉が最初に壕から出ると、その場で撃ち殺された。

タンさんの家族は、姉と弟が死亡。同じ壕に身を隠していたおばとおばの息子、兄の友人も殺害された。その場で助かったのは、左わき腹を銃で撃たれて意識朦朧《もうろう》となったタンさんと、突然の異常な事態に呆然《ぼうぜん》となった兄だけだった。

タンさんは着ていた上着をめくり、大きく縫合された左わき腹の傷跡を見せてくれた。

「韓国兵に襲撃されたあと、私はこの脇腹から飛び出た腸を体内に押し込みながら近所の家に逃げ込みました。気付いたら腹と尻を銃で撃たれて立てなくなった兄が一緒でした。長く続いた銃声と爆音が過ぎ去るのを待って、母を捜すために、私はひとりで戸外に出たんです。村の広場や小道には無数の死体が連なり、まるで地獄絵図を見ているようでした。田んぼの畦道や原っぱで、私はふらふらになりながら母を捜しましたが見つからず、のちに母方の祖母に聞いて、村のくぼみにできた死体の山のなかに母の遺体があったことを知りました」

タンさんは「これが母です」と遺影を抱きしめて、部屋中に響き渡るような声で叫び泣いた。寝ていたはずのふたりの孫が、柱の陰から心配そうに顔を覗かせる。タンさんは柱に隠れている孫たちに気付いて幾分落ち着きを取り戻した。タンさんが孫たちに目をやると、ふたりは奥の部屋へと走り去った。

「随分と前から具秀妍《クスジョン》さんという韓国人の女性が何度も家に来て、事件当時のことを聞いて帰るんです。そして今年四月、韓国の平和博物館を中心としたNGOに招かれ、韓国のあちこちで、この村で起きた事件のお話をしました。会場にいる多くの韓国人らは静かに話を聞いてくれましたが、一歩部屋を出ると、軍服に身を包んだ元軍人たちが『嘘を吐《つ》くな』と私たちに罵声を浴びせかけるんです。事件から五〇年近く経っても元軍人らが事件を認めないのはあまりに悲しすぎます」

そして、タンさんは「韓国語だから私は何が書いてあるのかさっぱりわかりませんが、フォンニ村・フォンニャット村で起きた事件のことが、この韓国の雑誌に書いてあるそうです」と言いながら、具秀妍氏からもらったというボロボロになった雑誌を飾り棚から出した。雑誌はページ全体に大きく「We Make Tomorrow」と書かれた『ハンギョレ21』（二〇〇〇年一一月一五日、第三三四号）だった（＊28）。表紙は破れてなくなっている。

記事は「ベトナム戦争時に韓国軍が犯した民間人虐殺が事実だったこと」「それに関し

フォンニ村の事件で亡くなった母と姉の遺影を持つグエン・ティ・タンさん。（2015年6月）

具秀妊氏からもらったという2000年11月15日の『ハンギョレ21』（第334号）。フォンニ村・フォンニャット村で起きた民間人殺害事件の詳細が特集されていた。（クアンナム省、2015年6月）

て米韓で行われた意見交換についての報告書が二〇〇〇年六月に機密指定解除になったこと」を伝え、事件後に現場で米軍上等兵が撮影した記録写真を使用しながら、フォンニ村・フォンニャット村などで起きた事件の詳細が数ページにわたって特集されていた。

　具秀妊氏は、二〇一六年九月に発足した「韓ベ平和財団」（＊29）で常任理事を務めている。ベトナム戦争中の韓国軍による加害事件を語る上では欠かせない存在だ。

　伊藤正子氏の前掲書によると、具秀妊氏は一九九七年からベトナム国家大学ホーチミン市校の大学院修士課程に入学し、ベトナム史研究を始めたという。その過程で、ベトナム中部での韓国軍の残虐行為が記されたベトナム共産党政治局の内部資料を入手。一九九九年四月、ベトナム戦時下の韓国軍の行動を明らかにしようと渡越してきたNGOナワウリのメンバーに資料を公開し、通訳として調査の旅に同行する。その後、具秀姃氏は独自に韓国軍がベトナム戦争中に犯した事件の検証を始めた。そして同年五月、『ハンギョレ21』に「ああ震撼の韓国軍!」という記事を発表する(一九九九年五月六日、第二五六号)。これはベトナム戦争中に、韓国軍が犯した残虐行為を暴いた韓国で初めての記事となり、発刊後、韓国世論に大きな影響を与えることになった(*30)。

ふたりの孫は眠れないのか、再び柱の陰から顔を出した。タンさんは服の袖で涙を拭って、「おいで」とふたりを呼んだ。そして「お客様に挨拶をしなさい」と優しく言った。ふたりは私のそばに整列して、ちょこんとお辞儀をした。

お辞儀をした子どもたちのキラキラと輝く瞳を見たとき、私は、戦時中からベトナムを追い続けている報道写真家・石川文洋氏が話す〝命《ぬち》どぅ宝《たから》〟という言葉を思い出した。

沖縄語で「命こそ宝」を意味し、主として沖縄での反戦運動のスローガンとして用いられている言葉だ。一九三八年に沖縄で生まれた文洋氏は戦争を考えるとき、第二次世界大戦末期の地上戦で多くの犠牲者を出した故郷の沖縄を想起するという。

「戦争は今いる人たちだけではなく、未来の命さえも奪っていきます。命があってこそ子どもができ、孫ができるのです」と文洋氏は言う。

事件で一命を取り留めたタンさん。「孫たちには絶対に私と同じ思いをさせたくはないです」と言葉に力を込めた。

母の乳房を離さなかった

ダオと私は、クアンナム省のフォンニ村でタンさんの話を聞いたあと、タンさんらと一緒に訪韓したランさん（第三章の「忘れようにも忘れられない」）にも話を聞こうと思い、南北統一鉄道でビンディン省まで南下した。ビンディン省には夜半前に到着。定宿近くの行きつけの店で食事を簡単に済ませ、その夜、私は深い眠りについた。

翌朝、ホテルでドライバーのバオ兄と合流し、タイソン県にあるランさんの家へと向かった。およそ一年ぶりに会うランさんは元気そうだった。ランさんもタンさん同様、韓国での出来事に関し、「事件を『嘘だ』と言って韓国の元軍人らが認めないのは、悲しすぎる」と取材中、怒りを露わにした（第五章の「三人の訪韓」で詳述）。

ランさんの取材を終えた日の午後、私はタイソン県の北東に位置するフーカット県で起きたとされる事件について調べようと、ベトナム戦争時代に米軍の空軍基地があったフーカット空港近くのゴーギャン市場で聞き込みを開始した。以前、この付近でも「韓国軍による民間人殺害事件」が起きたという噂《うわさ》を聞いたことがあったのだ。フーカット県は、〝ビンアンの虐殺〟が起きたふたつの県、タイソン県（タイヴィン社、タイアン社、タイビン社）とアンニョン県（ニョンミー社、ニョンフック社、ニョンハウ社）に隣接している。

アメリカ国防大学などで米軍事史を教えた経験を持つジョン・シュライト氏の著書『南ベトナムの戦争─攻勢の年一九六五－一九六八』によると、現在、ベトナム空軍も利用する軍民共用のフーカット空港は、一九六五年後半の米空軍の増派に伴い、翌六六年二月に米軍が利用する空軍基地として建設が決定された。同書には韓国軍猛虎部隊（師団）が基地建設エリアを確保し、同年五月から建設が開始された、との記述がある（＊31）。

「韓国兵は、みな優しくて親切でしたよ」

ゴーギャン市場で野菜や果物を売るグエン・ティ・ホアさん（七一歳＝二〇一五年六月時点）は周囲に聞こえないように小さな声で話した。彼女の夫はベトナム戦争時代、米軍や韓国軍と共に戦ったＡＲＶＮ（南ベトナム正規軍）の将校として四〇人を率いていたという。

「この市場にはフーカット空軍基地に駐屯していたＡＲＶＮの兵士はもちろん、米兵や韓国兵らも毎日のように買い物に来ていましたね。韓国兵はバナナや唐辛子をよく買っていきました」と、ホアさんは話した。

市場で聞き込みを続けていると、買い物に来ていた初老の女性が、当時、民間人が殺されたというトゥアンドゥク村を教えてくれた。トゥアンドゥク村があるアンニョン県ニョンミー社はフーカット空港のちょうど南側に広がる村だ。チーム〝ビンディン〟は市場を出て、トゥアンドゥク村に向かった。

フーカット空港へ向かう道路の入口を右手に見て、国道一九号線を南西へと進み、車を約一〇分も走らせると、国道沿いにあった民家はあっという間に姿を消した。ドライバーのバオ兄が、「このあたりだと思うんだが……」と車を停めた。まわりには荒地と疎林しかない。

私が「さて、どうしようか」と思案していると、後ろから一台のバイクが近付いてきた。ダオはすかさず車を降り、バイクを止めて、「トゥアンドゥク村はどこですか?」と男性に尋ねた。バイクの男性は南の方角を指差して、面倒くさそうに「この森の向こう側だ」とだけ言い残し、その場を去った。

車を停めた荒地の横に森が広がっている。「この向こう側らしいです」とダオは言い、「ムフフ」と不気味な笑みを浮かべた。「えっ? まさか、この森を突き抜けるんじゃないよな?」と問うと、ダオはバオ兄に「そこの空地で待ってて」と言って、大きく盛り土された粘土状の急斜面を器用に滑り降り、森のなかへと歩き始めた。

私は急いでカメラバッグを車から降ろし、バオ兄に「まいったなぁ」と言い残し、ダオのあとをつけた。草むらをかき分け、雨水が作ったと思われる溝のある土の道を進む。行く手を遮る大きな倒木を跨いでようやく越えると、小高い丘の頂にある開けた場所に出た。するとと、先を行ったダオが見知らぬ男性と話をしている。

「彼、そこで木の伐採をしてたんです。彼が事件を知る人の家まで案内してくれます」

男性はチェーンソーと鋸《のこぎり》を草むらの陰に隠し、「付いてきな」と先導した。男性のあとをつけ、頂から別の坂道を下るとちらほらと民家が見えてきた。

「ほら、ここだ」と男性は私に言い、玄関先で「ノーさん、お客さんだよ」と呼びかけると、木を伐採していた場所へ戻ろうとした。私は持っていた日本のタバコをポケットから出し、「カムオン（ありがとう）」と、ひと箱プレゼントした。

「どちらさん？」。顎《あご》に見事な白い髭《ひげ》を蓄えた老人が家のなかから出てきた。その様は、今は亡き建国の父、ホー・チ・ミン初代ベトナム民主共和国主席の肖像画を思わせる。

「ベトナム戦争のころの韓国軍による民間人殺害事件のことを調べていまして……」と私が話を始めると老人は尋常ではないほど驚いて、「何で知ってる？　誰に聞いたんだ？」と言った。そして「まあ、入れ」とダオと私を家に招いた。

アンニョン県ニョンミー社トゥアンドゥク村に住むファン・ヴァン・ノーさん（一九三〇年生まれ）は言う。

「この村での事件に関する聞き取り調査は、一〇年以上前に村役場の人間が一度来ただけで、ベトナム人記者も韓国人も来ていない。だから日本人の君が事件を知っていることに驚いたんだ」

戸外で蟬《せみ》が大合唱をしている。

「私は一九六〇年代半ばごろ、いつからいつまでかは覚えていないが、米兵に拘束され約一年間刑務所にいたんだ。その間の一九六六年二月六日（旧暦一月一六日）に、この村で事件が起きたと聞いた。この村では約二〇人が殺害され、私の親戚は六人が殺された。米兵は村人を見つけると拘束はしたが、決して殺しはしなかった。しかし韓国兵はベトコンも村人も見境なく殺した。私がこの村に戻ってきたら、村人は誰もおらず、村は跡形もなく、鳥も鳴かない森だけが残っていた。事件が起きるまでは、この村には約三〇〇人の村人が住んでいたんだ……」（＊32）

一匹の蟬がジジジーと家のなかに飛び込んできて、仰向けにコロッと死んだ。ノーさんはその様子に目をやり、「この下に住むトゥンの家族は事件を目《ま》の当たりにしているから、詳しい話が聞けると思うよ」と、ファン・ヴァン・トゥンさん（五二歳＝二〇一五年六月時点）の家族を紹介してくれた。

　ノーさん宅の前の坂を下り、田園沿いの農道を歩くと、一〇分ほどでトゥンさんの家に到着した。庭には牛の飼料となる干し草が山のように積まれている。私は扉の開いた玄関を覗き込んで声をかけた。すると家のなかから小柄な女性と、女性のあとを追うように細身の男性が出てきた。

「トゥンさんのお宅ですか？」

「はい。トゥンは弟です。今、向こうの家で改築の手伝いをしています。何のご用でしょう？　呼んできましょうか？」と、男性はトゥンさんが改築の手伝いをしているという家の方向を指差した。

　私はふたりにここに来た経緯と事情を説明した。ふたりはノーさん同様、驚きの表情を見せ、男性が小走りでトゥンさんを呼びに行った。

しばらくして、男性がトゥンさんを連れて帰ってきた。そして私たちは家の前で輪になってしゃがみ、事件の状況を聞いた。

「私がトゥンです。五女三男姉弟の末っ子で、こちらのふたりが長兄（一九五八年生まれ）と長姉（一九三九年生まれ）です」とダオと私に紹介すると、トゥンさんの横にいた長兄が静かに話し始めた。

「……事件はこの場で起きました。以前からこの付近で韓国兵らが基地拡大のために行動していることを村人から聞いていました。韓国兵は突然、あちこちから押し寄せて、村を包囲したあと、一〇人くらいが私の家に来たんです。そして、庭で逃げようとしていた家族らに銃を突きつけ、全員家のなかに入るよう命じました。仕事に出ていた父親と三女以外の家族八人、そして近所から連行されてきた母子二人の計一〇人がこの家に閉じ込められ、玄関に鍵をかけられました」

長姉とトゥンさんは黙って長兄の話を聞いている。

「そこに、路上でタマリンドウを売っていた当時二五歳の三番目の姉が帰宅したところで韓国兵に見つかり、庭の草むらの陰に引きずっていかれたんです。姉はその場で、ピスト

ファン・ヴァン・トゥンさんの姉弟。左からトゥンさん、長兄、長姉。トゥンさんが手榴弾を背中に受け亡くなった母親の遺影を持つ。（ビンディン省、2015年6月）

「三番目の姉はここの草むらで撃ち殺されました」と、自宅の庭先で語るトゥンさんの長兄。（2015年6月）

ベトナム建国の父ホー・チ・ミンのような髭を蓄えたファン・ヴァン・ノーさん。（ビンディン省、2015年6月）

ルで撃たれ、呻き声を上げてもがき苦しんでいるところに、さらに二発の銃弾を撃ち込まれました」

その光景を当時八歳だった長兄は窓の隙間から見ていたという。

「私たちは鍵をかけられた家のなかで逃げることもできず、泣き叫んでいました。三人の韓国兵が窓の外でニヤニヤと不気味な笑みを浮かべたかと思うと、突然、三発の手榴弾を窓から家のなかに投げ込みました。うち二発が爆発し、家にいた一〇人のうち七人が一瞬にして死にました。生きているのは、私と長姉とトゥンだけです。三歳になろうとしていたトゥンは、背中に手榴弾を受け亡くなった母に抱きしめられて命を取り留めました。母が死んだあとも、トゥンは母のおっぱいにしがみつき、母乳を飲み続けていたんです」

トゥンさんは今にも泣きだしそうな表情になり、「兄ちゃん……」と呟いた。

「私は大人になったら韓国兵を捜し出して、皆殺しにしてやろうと子どもながらに思いました。しかし無力な私は、それさえもできません」と、長兄は言った。

「韓国兵を皆殺し」という言葉を聞いて、私の取材（二〇一四年六月）に兵士らを〝恨んでいる〟と言ったフーイエン省ドンホア県ホアヒエップナム社トーラム村のタオさんを思い出した。私は長兄に「韓国兵に恨みはありますか？」と尋ねた。長兄は「ふーっ」と大きくため息をつき、「今は何も思いません。思わないように、思い出さないように努力しています。私には何もできないから……」と諦めた表情になった。

私の脳裏にはまた、数年前にライダイハンの女性デュンさんに問われた「他人の辛い過去を掘り返す意味」がよみがえった。この一連の取材を通して、私は何がしたいのか。このときも、やはり答えは出せなかった。

ギアさんと「ベトナムピエタ像」

〝ビンアンの虐殺〟の生存者・ランさんとの出会い（二〇一四年二月）を皮切りに、ベトナム戦争中の韓国軍による加害事件の現地取材を開始してから約二年半が過ぎた。この間に私は事件が起きたとされる現場の取材を重ね、中部四省の二〇地点以上で約三〇人の生存者の聞き取りをしてきた（＊33）。事件が起きた村には、亡くなった被害者らを追悼する「慰霊碑」や「憎悪碑」が建ち、今なお忘れ得ぬ記憶として村に深く刻み込まれていた。

また取材を続けるにつれ、事件を経験した生存者のなかには後遺症を生涯背負うことになった人が大勢いることも知った。クアンガイ省ビンソン県ビンホア社に住むドアン・ギアさん（五〇歳＝二〇一六年九月時点）もそのひとりだ。

二〇一六年九月、私はギアさんの自宅を訪ねた。このとき、韓国人のファン・ボミも一緒に渡越し取材に同行していた。韓国でベトナム参戦軍人らが参加する「第五〇回記念式典（第四章の「『猛虎部隊』元兵士の反論」で後述）の取材をしたあと、「私もベトナムに行き、真実を確かめたい」と、志願してきたのだ。ボミは東京の外国語専門学校を卒業し、韓国や日本で通訳の仕事をしている。美しい日本語を話す、曲がったことが大嫌いな正義感あふれる女性だ。

通訳とボミは初対面にもかかわらず、不思議と馬が合った。ギアさんの家に向かう車のなかで、助手席の通訳と、後部座席に座った私の横にいるボミが、私の〝おかしなところ〟を題材に日本語で出し合い、大声でゲラゲラと笑っている。私はそれを聞いて「朝から元気だなぁ」と呆れつつ、何も言わずに寝たふりをしていた。

ギアさんの家に着いたのは午前一〇時前だった。

「ようこそ。どうぞお入りください」。生まれて七か月で視力を失ったギアさんが玄関先で私たちを迎え入れた。彼から光を奪ったのは、韓国軍青龍部隊だった。

ギアさんが住むビンホア社では、一九六六年一二月五日（旧暦一〇月二四日）から約一か月の間に、五か所の地点で計四三〇人が殺害されたとされる（＊34）。

韓国軍がビンホア社に押し入ってきた日の翌六日、ギアさんはカウ集落の井戸端で事件に遭遇した。その日は土砂降りだったという。韓国兵は朝九時ごろにドンチュン集落の村人をカウ集落に連行し、ふたつの集落の村人をまとめて次々と殺害していった。ほとんどが女性と子どもで、一三一人が死亡し、六人が生き残った。ギアさんはベトコンのゲリラだった父親（のちに戦死）以外の母親、母方の祖母と姉をその場で亡くした。

撃ち殺された母親に抱かれていたギアさんは、倒れた母親の下で泥水に顔を突っ込んでいたため、目のなかに有害なものが入り、視力を失ったのだろうと話す。

「正直、私は幼すぎて事件のことを何も覚えていないんです。孤児になった私を育ててくれたお婆さんや生き残った村人らに、大きくなってから聞きました。遺体を埋葬しようと現場にきた人が、血が飛び散った井戸端の横で亡くなっていた母の体を持ち上げると、私がもぞもぞと動いていたそうです」

事件の様子をあまりにも流暢《りゅうちょう》に話すギアさん。私が今まで取材をしてきたいくつかの村では、これほどまでに事件当時の様子をすらすらと話せる生存者はいなかった。ときに、「思い出したくない。話したくない」とインタビューを拒む人さえいた。私は少し違和感を覚え、「上手にお話しされますね」と聞いた。

「随分と前から、一年に二、三度、韓国人が私の家を訪問してくださいます。具秀妊さんがひとりのときもあれば、『韓べ平和財団』の方や学生たちが数人で来て、そのたびに同じ話を何度もするので、うまく話せるようになりました」

ギアさんから事件当時の話を聞き、私は「ベトナムピエタ像」のことを思い出した。

二〇一六年一月中旬に「韓べ平和財団」による制作が報じられた「ベトナムピエタ像」。ベトナム戦争中の加害を謝罪し、被害者を慰める意味を込めた像のことだ。「ピエタ」はイタリア語で「哀れみ」や「慈悲」などを意味する（ベトナム語での像の名称は「最後の子守歌」）。韓国の済州《チェジュ》とベトナムのビンホア社に設置予定であると、韓国メディア『ハンギョレ』が伝えた（＊35）。約三か月後の同年四月二七日、韓国・ソウル特別市（以下、ソウル市）中区《チュン》の貞洞《チョンドン》フランチスコ教育会館前で行われた「韓ベ平和財団」の発足式で、石膏《せっこう》原型が公開された（＊36）。縦横七〇センチ×高さ一五〇センチの像は、地母神の上で母親が赤ん坊を優しく抱きかかえたかたちをしている（第五章の「『ベトナムピエタ像』のその後」で詳述）。

「もしかして、『ベトナムピエタ像』のモデルって、ギアさんなんじゃありませんか？」

ギアさんが話す境遇と「像」のかたちが非常に似ている。

「彼らははっきりとは言いませんでしたが、私はおそらくそうだと思っています。前回……昨年（二〇一五年）末、韓国人らが家に来た際にビンホア社に建てようとしている『ピエタ像』の説明を聞き、感動しました。そのとき事件で亡くなった母を思い出したんです。母の温もりや最期に発した言葉を想像しました。きっと『ひとりになっても強く生きなさい』と言ったんじゃないかな、と……」

私の横でギアさんの話をじっと黙って聞いていたボミが突然、堰《せき》を切ったようにしゃくり上げた。ギアさんはボミのほうへ体を向け、「どうかしましたか？　大丈夫ですか？」

と優しく言った。ギアさんの発した柔らかな言葉で、ボミはさらに声のボリュームを上げ、号泣しながら「韓国人が……韓国人が……ごめんなさい……韓国人が……」と、何度も何度も繰り返した。ボミの泣き声は部屋中に響き渡り、玄関先で伏せていた大きな犬が、「うーっ」と唸《うな》って、ゆっくりと立ち上がった。

この日のビンホア社は、土砂降りだった事件の日とは違い、空は青く澄み渡っていた。ギアさんとの別れ際、ボミは泣き腫らして真っ赤になった目から流れ落ちる大粒の涙を拭いもせず、両手でギアさんと握手を交わした。

韓国でベトナム戦争に参戦した元韓国兵の取材を手伝ってくれているボミ。帰りの車のなかで、私に「ベトナムに来てよかった。やはりどちらか一方の意見を聞くだけでは真実は見えないですね」と、何かを悟ったように言葉を噛《か》み締めた。

ドアン・ギアさん。「ベトナムピエタ像」のモチーフになったとされる。
（クアンガイ省、2017年3月）

“ビンホアの虐殺”慰霊碑。
（クアンガイ省、2016年9月）

ベトナム戦時下で民間人殺害事件が起きたとされる主な現場

（○印は筆者が２０１６年９月までに取材し、本稿に登場する現場）
※クアンガイ省の「ソンミ村」以外は、韓国軍によって引き起こされた民間人殺害事件とされる

現場名	県社村（２０２１年７月時点の地名）	事件が起きた日	死者数	備考
クアンナム省　省内での事件現場は30余件、死者数約４０００人（左記の現場と死者数含む）（＊１）				
トゥイボー村（現チャウ・トゥイ村）	ディエンバン県ディエントー社	１９６７年１月31日	１４５人	
○フォンニ村・フォンニャット村	ディエンバン県ディエンアン社	１９６８年２月12日	70余人（＊２）	
○ハミ村	ディエンバン県ディエンズオン社	１９６８年２月24日	１３５人	
クアンガイ省　省内での事件現場は18件、死者数１７００人（左記の現場と死者数含む）（＊１）				
フォックビン村	ソンティン県ティンソン社	１９６６年10月９日	68人	（＊３）
ディエンニエン村	ソンティン県ティンソン社	１９６６年10月13日	１１２人	（＊３）
○ビンホア社	ビンソン県	１９６６年12月５日から約１か月の間	４３０人	ビンホア社の５か所の地点（＊４）
○ソンミ村	クアンガイ市ティンケ社（＊５）	１９６８年３月16日	５０４人	米軍による
ビンディン省　省内での事件現場は８件、死者数１５８１人（左記の現場と死者数含む）（＊１）				
○トゥアンドゥク村	アンニョン県ニョンミー社	１９６６年２月６日（＊６）	約20人	

○ビンアン社	タイソン県	1966年2月13日から3月17日にかけて	1200余人（＊7）	タイヴィン社と周辺の5社（＊8）
ニョーラム村	トゥイフォック県フォックフン社	1966年3月23日	134人	
フーイエン省　省内での事件現場は22件、死者数1729人（左記の現場と死者数含む）（＊1）				
○ダグウ村ヴンタウ集落	ドンホア県ホアヒエップナム社	1966年1月1日	37人	
○トーラム村	ドンホア県ホアヒエップナム社	1966年5月14日	43人	
アンリン社・アンスアン社	トゥイアン県	1967年3月30日から4月22日にかけて	不明	
カインホア省　省内での事件現場は3件、死者数46人（＊1）				

＊1　『ハンギョレ』「ベトナム虐殺」大韓民国が被告席に座るか／『한겨레』 베트남 학살 대한민국 피고석에 앉을까（2016-10-25）を参照。
＊2　現地の慰霊碑には被害者74名の名前が刻まれている。
＊3　“Báo Nhân Dân” Quảng Ngãi tưởng niệm 50 năm xảy ra vụ thảm sát Diên Niên-Phước Bình（09-10-2016）を参照。
＊4　ビンホア社の5か所の地点：トラップさんの家の壕、チュオンディンの爆弾跡、アンフォックの森、カウ集落の井戸、パイナップル畑
＊5　ソンミ村（現ティンケ社）は、戦争当時はソンティン県だったが、2013年12月12日にクアンガイ市に編入された。
＊6　注【第三章】32を参照。
＊7　ビンディン省文化通信局資料によれば、死者数は1200余名となっているが、現地の案内板には「韓国軍が民間人1004名を殺害」と掲出。
＊8　タイヴィン社と周辺の5社：タイヴィン社、ニョンハウ社、ニョンフック社、ニョンミー社、タイアン社、タイビン社。

第四章

韓国軍元兵士に訊く

「韓国の父に会いたい」

話は二〇一〇年八月に遡《さかのぼ》る。

私がふたりのライダイハンを産んだラム・ティ・キィさん（六七歳＝二〇一〇年八月時点）に出会ったのは、ビンディン省クイニョン市内の外れにある小さな路上のビアホイ屋（ベトナムの大衆酒場）だった。

以前、ディンさんの取材（第二章の「交差点のカフェ」参照）をしたとき、「クイニョン大学の近くにライダイハンの家族がいます」と教えてもらった。そのディンさんの言葉を手掛かりに聞き込みをし、キィさんの息子、グエン・ホアさん（韓国名：チャ・ジュンホア、三九歳＝二〇一〇年八月時点）が経営するビアホイ屋を見つけて会いに行ったのだ。

「あそこみたいですね」と、通訳のダオが車のなかから道路を隔てた向かいの店を指差した。屋外にプラスチックのテーブルと椅子が並び、大勢の客がざわざわとビール片手に料理をつついている。雨上がりの空を夕陽が赤く染め、路上の水たまりを照らしていた。クイニョン湾に広がるビーチまで約三〇メートルというだけあって、辺りには涼やかな潮風の香りが漂っている。

店先でたむろする客をかき分けて奥へと進み、「シンチャオ（こんにちは）」と声をかけた。入口にしゃがんで野菜を千切っていた四〇歳くらいの店主らしき男性が顔を上げて、「いらっしゃいませ」と迎えてくれた。キィさんの息子、ホアさんだった。私は立ったまま、ホアさんに訪問の理由を説明していると、「ダイハン（大韓民国）」「グォイ・ハンクオック（韓国人）」というひそひそ声があちこちから聞こえてきた。ざわついていた店先が一瞬静かになり、振り返ると、店にいる人々の視線が私に集中していた。どうやら私を韓国人と思ったようだ。

ホアさんは私に「ちょっと待って」と言い、ポケットから携帯電話を取り出した。そして電話を耳にあてたまま、周りの客に「グォイ・ニャット（日本人）だよ」と微笑んだ。おそらく、この店に来るほとんどの客がホアさんの境遇を知っているのだろう、と私は推し量った。

すると、道路際で仲間と飲んでいた年配の男性が椅子から立ち上がり、瓶ビールとグラスを持って、ふらふらと私に近付いてきた。

「こんばんはぁ……日本人だって？　この町じゃ珍しい……」と言いながらビールをなみなみとグラスに注ぎ、「ほら。飲め」と差し出す。私がグラスを受け取ると、男性は上機嫌になってこう話した。

「日本と言えば、アジモト……アジトモ……、いやアジモト……だ」。相当酔っている。

私がもらったビールを一気に飲み干し、グラスを空けて「味の素でしょ」と答えると、男性は「おお、そうだ！『ホンダ』『スズキ』『アジモト』……」。ゲラゲラと笑いながら言うだけ言って、元いた席へと戻っていった。その光景に、店先で飲んでいる全員が声を出して笑った。

「すぐに、この裏の路地奥に住んでいる母が来ます」。ホアさんは小声で、客が集う店先から少し離れたところにテーブルと椅子を準備し、ダオと私を促した。

一〇分もしないうちに、キィさんがしっかりとした足取りで歩いてきた。手には白い封筒を持っている。

「はじめまして」。ダオと私は椅子から立ち上がり、キィさんに挨拶をした。笑うと顔がくしゃくしゃになるいかにも優しそうな老婆だ。キィさんは店の常連客と思われる数人の男性に遠くから軽く会釈をして、テーブルを挟んで私たちの向かい側に座った。私が訪問した理由を電話でホアさんから聞いていたのか、持参した封筒を胸に抱いて今までの人生をゆっくりと話し始めた。

「……あの子（ホア）の下にひとり、グエン・ティ・ヒィ（韓国名：チャ・ジュンヒィ、三七歳＝二〇一〇年八月時点）という娘がいます。そのふたりが韓国人の夫との間に生まれた子です。そしてホアの上に一九六三年生まれの娘と一九六六年生まれの息子がいます。上のふたりはベトナム人の先夫の子です。前の夫は戦争で亡くなりました」

辺りはあっという間に暗くなり、家の灯がぽつりぽつりと点き始めた。

「私はクアンガイ省ギアハイン県の生まれですが、前の夫を失ってから生活が一段と苦しくなり、ベトナム戦争時代、米軍が戦闘基地として使用していたフエ市のフーバイ空港の食堂で働き始めました。一九六九年ごろのことです」

ホアさんが仕事を片付け、母親の横に座った。

「一九七〇年に入り、フーバイ戦闘基地（現フーバイ国際空港）の電気設備関係の仕事に韓国人が派遣されてきました。それがホアとヒィの父、チャ・ソンポク（一九三四年生まれ）です。彼は毎日のように私の仕事場に来て、『あなたが好きです。愛しています』と口説きました。私にはすでにふたりの子どもがいましたし、初めは何の感情も抱きませんでした。でも、私もだんだんと好きになっていきます。そして間もなく結婚し、ホアとヒィが生まれ、子どもが四人になりました。主人は先夫の子も我が子と同じように愛してくれたんです」

キィさんの横で話を聞いていたホアさんが、キィさんよりも恥ずかしそうにしていた。

「しかし幸せな時間は長くは続きませんでした。戦争がますます激しくなり、フエ市を含む中部の主要都市が解放勢力（北ベトナム軍とベトコンなど）に制圧され始め、私たち家族は南部サイゴン（現ホーチミン市）へと脱出したんです。そして米軍や韓国軍の撤退と同時期の一九七三年、主人は『必ずベトナムに帰ってくるから』と言い残し、韓国に戻りました」

先述したとおり、ベトナム戦争時代に韓国から南ベトナムにやって来たのは、兵士だけではなかった。一九六五年ごろから「ベトナム行きのバスに乗り遅れるな」を合言葉に、国内よりも高い賃金を目当てに商社や建設業、サービス業などの韓国人労働者が相次いで海を渡った。

韓進《ハンジン》、現代《ヒョンデ》、大宇《デウ》、三星《サムスン》などの韓国「大財閥」もいわゆる「ベトナム特需」により、その基礎が形成された。韓国のベトナム参戦がもたらした経済への影響を研究している静岡大学人文社会科学部、朴根好《パククンホ》教授の『韓国の経済発展とベトナム戦争』によると、一九六五年から七二年までの韓国の「ベトナム特需」の総額は一〇億二二〇〇万米ドルだという（＊1）。

ベトナムへと渡った韓国人労働者らのなかには、ベトナム人女性と結婚して家族をつくり、妻子を置いて帰国した者がいた。それが、のちに韓国とベトナム両国で社会問題となる「ライダイハン」を生む原因となった。

ベトナム戦争中に生まれたライダイハンは、韓国兵との間に生まれた子よりも、韓国人労働者との子どもが多いようだ。ノンフィクションライターの野村進氏の著書『コリアン世界の旅』には、その「九〇パーセント」が韓国人ビジネスマンとベトナム人女性の間に生まれた子だとの記述もある（＊2）。実際に私が取材したライダイハンを子に持つ母親も、夫が兵士ではなく労働者だったというケースが多かった。

「主人は韓国に戻ったあと、すぐに私たち家族を韓国に呼ぼうと二〇〇〇米ドルを送金してくれました。しかし、私の手元にお金は一切来ず、封が切られた封筒に『二〇〇〇米ドルを送金した』と書かれた手紙と三枚の写真だけが入っていました。おそらく誰かが手紙のなかに入っていたお金を着服したのだと思います。これがそのときに送られてきた写真です」とキィさんは、胸に大切に抱いていた封筒から三枚の写真をテーブルに出した。

白黒の銀塩写真が時代を経て、セピアに色褪《いろあ》せている。アオザイを着た若かりしころのキィさんと夫のソンポクさんのツーショット写真が二枚と、どこかの庭の木の下で、幼いころのホアさんがしゃがんだソンポクさんに支えられて立っている父子のツーショット写真が一枚。スマートな体型のソンポクさんの顔は、息子のホアさんにそっくりだ。一枚の写真の裏に英語で文字が書いてあった。消えかけてはいたが微かに見える。私は読み上げてみた。

ラム・ティ・キィさんと韓国人との間に生まれたふたりの子ども。左からグエン・ティ・ヒィさん、グエン・ホアさん、母親のラム・ティ・キィさん。(ビンディン省、2010年8月)

ラム・ティ・キィさんが大切に保管していた韓国人の夫チャ・ソンポクさんとのツーショット写真。(ビンディン省、2010年8月)

「××－××、トナム……ドン、ソン……ブク……区、ソウル……。これ、住所ですね。番地まできっちり書いてあります」

「おそらくそうだと思いました。でも……」

キィさんは一九七五年四月の南北ベトナム統一後、ビンディン省に移り住み、四人の子どもを育てるために必死に働いたという。日々の生活が精一杯で、写真の裏に書かれた韓国の住所へ捜しに行くことはできなかった。戦後しばらくは、戦時中に「南側」と関係があったということがわかれば命の危険すらあった。そのため三枚の写真だけを残して婚姻証明書や当時の出生証明書は焼き払い、ソンポクさんとの思い出の品はすべて海に投げ捨てて処分したという。

「主人に会いたいです。『木が枯れると葉は根元に落ちる（＊3）』というベトナムの諺《ことわざ》を信じて、私は今でも主人の帰りを待っています」とキィさんは涙した。

夫の帰りを待ち続けるキィさんの気持ちが痛いほど伝わってきた。しかしソンポクさんが韓国に帰国してからすでに三五年以上が過ぎている。何かしらベトナムに戻れない事情があるのかもしれない。もしかしたら韓国で新しく家庭を築いている可能性も考えられる。

だが、私は写真の裏に書かれた住所がやたらと気になり、確かめたくなった。そしてキィさんに「ここに書かれた住所へ行けば、何かわかるかもしれませんね」と言った。

キィさんの隣で黙って話を聞いていたホアさんが口を開いた。

「ボクもお父さんに会いたいです。ずっとこの住所が気になっているんです。お願いします」と、私の目を真っすぐに見たホアさんが、両手で力強く手を握ってきた。

そうして私はキィさんとホアさんの想いを背負い、韓国へ飛ぶことを決めた。

晩秋のソウル

私が韓国・ソウル市に降り立ったのは、キィさん母子に会った三か月後の二〇一〇年一一月のことだった。市内中心部の風は冷たく、街路樹がオレンジ色に染まり、深まる秋を告げていた。

韓国訪問は三度目だったが、以前の二回はベトナムからの帰りにストップオーバー（途中降機）し、チヂミや純豆腐鍋《スンドゥブチゲ》など本場の韓国料理を食すだけの気楽な旅だった。しかし今回の旅の目的は、キィさんが持っていた写真に書かれた住所を訪ねることだ。あちこちで聞き込みが必要になれば通訳がいる。日本で知り合った韓国人留学生に相談すると、ソウル在住の女子大生イ・ソユン（仮名）を紹介してくれた。

滞在三日目の朝、私は通訳のソユンと旅館で待ち合わせをした。ソユンは、初対面にもかかわらず、私のことを「オッパ（お兄さん）」と呼んだ。まるで年の離れた妹のようだ。旅館の中庭で「オッパ。はじめまして」と、臍《へそ》の前あたりに両手を重ねながら丁寧にお辞儀をし、「今日は城北区《ソンブク》に行きますか？」と聞いてきた。

「うん。昨日、電話でお願いをした城北区の敦岩洞《トナムドン》に行きたいんだ」

私がそう答えると、ソユンは「じゃあ、ソウル地下鉄（以下、地下鉄）で行きましょう」と言い、私の前に立って歩き出した。

地下鉄の最寄り駅へと続く下りの階段は、どこに連れ去られるのかと思うくらいに長い。改札に到着するたびに一仕事終えた気分になる。切符を買って、ホームへ下りると、息を切らした私にソユンが「お疲れ様でした」と言ってきた。

「おいおい。まだこれからだよ……」

ソユンは「フフフ」と笑い、興味津々にいろいろと聞いてくる。とても人懐っこい。

「この大きなバッグには何が入っているんですか？」

「カメラやレンズ。それにビデオや……」

「昨日はどこへ行きましたか？」

「ひとりで戦争記念館と朴正熙元大統領夫妻のお墓がある国立ソウル顕忠院に行ってきた」

「オッパは、ベトナム戦争を調べてるんですか？」

私は「別に調べてるわけじゃないけど……」と断りつつ、ソユンにラム・ティ・キィさんとチャ・ソンポクさん夫妻のいきさつと写真に残された住所を探す目的を説明した。するとソユンは「探偵みたい。見つかるといいですね」と興奮した様子だった。


城北区の誠信女大入口駅《ソンシンヨデイック》を降り、地上に出るとソユンが「敦岩洞ですよね？」と言い、スマートフォンで地図を確認した。駅付近はカフェやショップが立ち並び、かなり開けている。朝のラッシュの時間は過ぎていたが、目の前で交差する主要道路には多くの車が行き交っていた。

「ここから三〇〇メートルくらいですね。歩きましょう」

私は「うん」と頷《うなず》いた。片道二車線の通りを北に向かって五分余り歩くと、「この辺りが敦岩洞です」とソユンが言った。周辺には一戸建ての住宅と分譲マンションが立ち並んでいる。大きなベッドタウンのようだ。キィさんの写真にあった番地を手掛かりに、ソユンと私は家の番地が書かれたプレートを確認しては通りがかりの人に尋ねる、という作業を繰り返した。小一時間ほど捜し歩いたが、番地の場所が見つからない。するとソユンが閃《ひらめ》いた。

「あ、そうだ。さっきあった不動産屋で聞いてみましょうか。不動産屋なら番地が載った地図があるはずです」

不動産屋に行くと、番地の場所はすぐにわかった。ノートの切れ端に線と丸だけで書かれた簡単な地図を不動産屋の主人からもらい、ふたりで地図の通りに歩く。緩やかな坂道を抜け、急な階段を上り終えると、周辺の綺麗な家とは大きく異なる壊れかけの小さな家が現れて、ソユンが足を止めた。

「ここ？」

ブリキ板でできた門は開け放たれ、屋根はところどころ紺のビニールシートで覆われている。玄関の扉は全てなくなっていた。カーテンの裾にできた黒いカビが、長い間、ここに人が住んでいないことを表している。

ソユンは手書きの地図と家とを交互に見て、「地図だとここですね」と力のない返事をした。

私は一瞬にして虚脱感に襲われ、同時にさまざまな想いが頭を過《よぎ》った。

『必ずベトナムに帰る』と言ったソンポクさんは帰国後、ここに住んでいたのか？」「新しい家族は作らなかったのか？」「ここにいないなら、どこにいるんだ？」「この事実をベトナムで待つキィさんやホアさんにどう伝えればいいんだ？」

ソユンと私が門の外で呆然《ぼうぜん》と立ち尽くしているところに、ふたりの老人が通りかかった。

「すみません……。このあたりにお住まいですか？」。ソユンが老人に尋ねた。

老人のひとりが、「この坂の上に三〇年以上前から住んでるよ」と答えた。

「ここは空き家ですか？」

「ああ。一〇年くらい前から人は住んでいないね。それまでは私くらいの歳の男が四人、共同生活をしていたよ。四人とも確かベトナム帰りだとの噂《うわさ》を聞いたことがあるな……」

私は老人の「ベトナム」という言葉に反応し、老人に「ベトナム。そう言われていたんですね？」と確かめた。

「もう随分と昔のことだよ……」

老人と話をしていたソユンが振り返り、私の目を見た。私が続けて老人に質問しようとしていると、先にソユンが早口で尋ねた。

「一〇年前までここに住んでいた方は、今どちらにいらっしゃるかわかりませんか？」

「さぁ……それはわからないね。どうしたんだい？」

私は老人に事情を話した。すると老人は携帯電話で、帰国後のソンポクさんが住んでいたかもしれない空き家の情報を、昔からこの付近に住むという友人に確認してくれた。

老人とその友人の話を要約するとこうだ。

――この付近は韓国がベトナム派兵を始める前までは何もない小高い山だった。しかし、韓国の「ベトナム特需」を受けて徐々に切り開かれて新興住宅地となり、一九八〇年代に入ると他の地域から移住してくる人びとが増えた。この家は、空き家になるまではベトナムから戻ったという男性が四人で共同生活をしていたが、一〇年ほど前にいつの間にか住民はいなくなっていた。そのなかにソンポクさんがいたかどうかはわからない――。

老人は、尋ね人について答えられないことを心苦しそうにしながら、「この坂の下に敦岩洞の住民センターがある。そこで確認できないかな？」と言い、その場を去った。

チャ・ソンポクさんがベトナム人妻のラム・ティ・キィさんに宛てた写真の裏に書かれていた住所の家。空き家になっていた。（韓国・ソウル市、2010年11月）

ソユンと私は、老人に聞いた敦岩洞住民センターに行ったが、「個人情報を第三者には教えられない」と、取り合ってもらえなかった。

帰り道、肩を落としたソユンが「オッパ。ソンポクさんを捜すのを諦めますか？」と聞いてきた。しばらく考え、「違う手を考えるよ」と返すと、ソユンは力いっぱいの笑顔を作った。

前述したとおり、ベトナム戦争時代に生まれたライダイハンの数については諸説あり、最少三〇

○○人から最大で三万人がいるとされている。今、私はキィさんの夫を捜しているが、同じような境遇にいる人びとは他にもたくさんいるのだろう、とふと思った。帰り道、地下鉄に乗ると、発車と同時に軋《きし》む車輪の音と人びとのざわめきが交錯した。それらはまるで、ベトナムに残されたライダイハンたちが父親の名前を呼ぶ声のようだった。

若き韓国兵の恋

韓国から帰国した私は、敦岩洞住民センターで聞いた「第三者に情報公開する」ための書類（「委任状」「婚姻証明書」「出生証明書」）を集めようと模索し、ベトナムにいる通訳に頼んでキィさんに連絡を取ってもらった。

「キィさんが委任状を書くことは可能です。ただ必要書類のうちの『婚姻証明書』とホアさんとヒィさんの『出生証明書』が揃いません。いずれも役所で発行はできますが、出生証明書の父親の欄が空白になっているそうです」と、通訳から返事が来た。父親の欄が空白になっていては、関係性を証明することができない。戦後のベトナムで身の危険を感じ、書類のすべてを燃やしたというキィさん。ソンポクさんが韓国に帰ったあと、キィさんひとりで書類の再申請を行うことは困難だったのだろうと私は推測した。

次の手を考えた私は、ベトナム戦争に参戦した韓国の退役軍人団体「大韓民国越南戦参戦有功者戦友会（旧大韓民国ベトナム戦参戦者会）」にメールを送ることにした。

私はメールで身分を名乗り、キィさんとソンポクさんとの出会いから別れまでの経緯を書き綴《つづ》った。そしてキィさんとふたりの子どもの想いや、敦岩洞の家の捜索結果と、私が日本に帰国したあとの動きなども包み隠さず知らせた。さらにベトナム中部・フエ市のフーバイ戦闘基地を利用していた韓国の元軍人、またその付近に駐留していた元軍人らの情報は手に入らないかと尋ね、翌年二月にベトナムでの追加取材をしたあと、韓国に立ち寄るつもりである旨を伝えた。

メールを送った約一週間後の二〇一〇年一二月二九日、韓国語で返信が来た。

「私はチャン・ウィソンです。大韓民国越南戦参戦有功者戦友会でIT局長をしています。／韓国人二世とそのご家族の事情、その方たちの苦痛を充分にお察しいたします。／そして、他人の家族の辛さを一緒になって考えておられるあなたの心に感動いたしました。／でも残念なことにベトナム参戦軍人ではない民間会社社員の情報は、こちらの参戦有功者戦友会には何もなく、すでに半世紀近く経っていることですので、捜すのがとても困難です。お役に立てず申し訳ありません。／とりあえず、あなたからの情報を会の掲示板に掲載しておきました。／もしも誰かから連絡が入りましたら、そのときにはご連絡を差し上げます。／ありがとうございます」（返信メール全文）

私はお礼のメールを送ったが、以降、参戦有功者戦友会からの連絡はなかった。そして、二〇一一年二月下旬、何の手掛かりもないまま、写真の裏に書かれていた番地の情報をキィさんに伝えるために、私はベトナムへと向かった。

キィさんとはクイニョン市のホアさんの店で再会した。キィさんが持っていた写真で確認した番地には現在は誰も住んでおらず、どこへ引っ越しをしたのかわからないということを、現地で撮影した空き家の写真を見せながらキィさんとホアさんに説明した。そして大韓民国越南戦参戦有功者戦友会から送られてきたメールの内容など、現時点でわかっていることのすべてを伝えた。

キィさんは「本当にありがとうございます。たとえ見つからなくても、主人を捜してくださっているというだけで嬉しいです」と、大粒の涙を流した。すると突然、キィさんの横に座っていたホアさんがすっきりとした顔で立ち上がり、「さあ。今日は飲んでください。お代はいりません」と、店のなかへビールを取りに行った。ソンポクさんの手掛かりが全く得られないにもかかわらず、温かく労《ねぎら》ってくれるキィさんとホアさんの優しさが、私は嬉しかった。

翌朝、店にいたホアさんに再会を約束し、南北統一鉄道でホーチミン市に向かった。そして数日間、ホーチミン市に滞在したあと、韓国へと飛んだ。私は頭のなかで、いつも「ソンポクさんを捜す手は他にないだろうか」と考えていた。

韓国・ソウル市に到着後、前年末にメールでやり取りをした大韓民国越南戦参戦有功者戦友会のチャン・ウィソンさん（六六歳＝二〇一一年三月時点）に真っ先にアポイントを取った。直接会い、その後、何かしらの動きがなかったか確認したかったからだ。

ウィソンさんとは地下鉄五号線、峨嵯山《アチャサン》駅で待ち合わせをし、駅のそばにあるカフェで話を聞いた。

「この度は、いろいろとご尽力ありがとうございます」

「いえいえ。会の掲示板に情報を掲載しましたが、こちらには誰からも連絡がなく、お力になれなくてすみません……」

やはり参戦有功者戦友会に連絡はなかった。

ウィソンさんは、「その後、何か手掛かりはありましたか?」と言いながら、持参したカバンから冊子やファイルを出し、説明を始めた。

「韓国の軍隊は、一九六四年九月から七三年三月まで南ベトナムの主要都市に駐留していました。北はダナン市から南はサイゴン(現ホーチミン市)までです。チャ・ソンポクさんは一九七〇年ごろにフエ市のフーバイ戦闘基地で働いていらっしゃったんですね?」

「はい。電気設備会社の社員だったそうです」

ウィソンさんは「うーん」と考え込み、話を続けた。

「韓国軍がベトナム戦争時代に駐留していたのは、フエ市の南、約一〇〇キロメートルに位置するダナン市までなんですよ。そのためフエ市の戦闘基地を使用していたのは、ほとんどが米軍で、おそらく韓国兵はあまりいなかったと思われます。七〇年ごろということは、六八年の〝テト攻勢〟も終わっていますから尚更です。ソンポクさんが働いていらっしゃった会社は韓国企業ですか?」

「いえ。××というアメリカの設備会社だと聞いています」

「そうですか……となると、捜し出すのは至難の業ですね……」

親身になり、話を聞いてくれるウィソンさん。面倒見がよく、頼り甲斐のあるおじのように思えてきた。

「私は韓国に戻り、しばらくしてから韓国人の妻を娶《めと》りました。子どももできて、幸せに暮らしています。妻には何も言っていませんが、実は私、二一歳でベトナム戦争に参戦した半年後くらいに基地から三キロメートルほど離れたフータイという場所にあった雑貨屋のベトナム人女性に恋をしたんです」

「フータイ? 大きな三叉路《さんさろ》があるところですか?」

「そうです。ご存じですか?」

フータイと言えば、前々年(二〇〇九年夏)のベトナム取材時にビンディン省のタクシードライバー、バオ兄の紹介で宿泊したホテルがある場所だ(第二章の「取材チーム〝ビンディン〟結成」)。私は三叉路付近の雑貨屋を思い出そうと努めたが、思い出せなかった。

「彼女は私より少し年上の優しくて綺麗な女性でした。私は『軍の買い物だ』と言いながら、用もないのに週に二、三度通っていました」と微笑んで、ウィソンさんは続けた。

「約一年半の間、基地にいたんですが、私の帰国日が決まり、帰国の一週間ほど前に彼女の店に帰国することを伝えに行ったんです。すると彼女は『これを私だと思って』と、四角いトランジスタラジオをくれました。その日から毎日、帰国してからも毎日、私はラジオを枕がわりに頭の下に置いて眠りましたよ。今思えば、若かったですね……」と、ウィソンさんはカフェの窓から遠くを見つめて昔を懐かしんだ。

私は、温かくてほろ苦い味のするコーヒーに口を付けた。

金賢娥氏の前掲書に、若い韓国軍兵士にとってのベトナム参戦に触れた記述がある。

〈ベトナムがどこにあるのか、その国の情勢がどんなものか、本当にわれわれの助けを願っているのか、といったことへの理解もなく、戦争の残酷さと狂気を理解するにはあまりにも純真無垢《むく》であった韓国の青年が、あまりにも遠いはるか南方(「越南」ということばの意味)に向かう軍艦に乗ったのである〉(＊4)

ウィソンさんもその「純真無垢」な青年のひとりだった。

「私は韓国人と結婚しましたが、ふとしたときに当時好きだったベトナムの彼女のことを思い出します。なので、ソンポクさんもご健在ならキィさんに再会したいのではないかと想像します。もちろん、お子さんにも……」

そして、「まだ、場所や日時など詳細は決まっていませんが、今年も秋に大韓民国越南戦参戦有功者戦友会主催の記念式典が開催されます。今年で四七回目です。毎年ベトナム戦争に参戦した一万人を超える元軍人らが集う式典なので、そこでソンポクさんの手掛かりを捜されてはいかがですか？」とウィソンさんは提案してくれた。

私が「ぜひ」と答えると、ウィソンさんは「詳細がわかり次第、お伝えしますね」と返した。そうして、その年（二〇一一年）の一〇月に韓国・慶尚北道《キョンサンブクド》亀尾《クミ》市の朴正熙体育館で開催された「ベトナム参戦四七周年記念」式典（＊5）に、私は参加することになった。

「ベトナム参戦四七周年記念」式典

二〇一一年一〇月一五日、私は、ＫＴＸ（韓国高速鉄道）のソウル駅を午前六時三〇分すぎに出発し、「ベトナム参戦四七周年記念」式典が開催される朴正熙体育館へと向かった。体育館の最寄りの金泉《キムチョン》（亀尾）駅に着いたのは、午前八時だった。式典は一二時三〇分に開始予定だが、式典が始まるまでに何かしらソンポクさんの手掛かりが得られないか、と早めに行動した。

金泉（亀尾）駅で通訳と合流し、朝食を済ませたあと、タクシーで移動。この日、体育館の付近一帯は通行制限があり、敷地内に一般車両が入ることはできず、私は駐車場のゲート前でタクシーを降りた。すると早速、事件が起きた。ゲートにバリケードを準備していた迷彩柄の軍服を着た老人らに、威圧的な態度をとられたのだ。

「おい！　お前。何の用だ？」と、歩いて会場へ行こうとしていた私のすぐ目の前に、背の高い老人が立ちはだかった。

「式典の取材に来たのですが……」。私はありのままに答えた。

数人の迷彩服を着た老人がいつの間にか私の周りを取り囲んでいた。通訳を介して話す私に、「お前、韓国人じゃないな。ベトナム人か？」と、老人のひとりが聞いてきた。

「いえ。日本人です」と答えると、「私の知る限り、式典には今までベトナム人以外の外国人が来たことはない。誰に聞いてきたんだ?」」。背の高い老人が私を不審者扱いし、そう語気を強めた。

私は泰然とした態度で、大韓民国越南戦参戦有功者戦友会のチャン・ウィソンさんの紹介だということを伝え、ウィソンさんに電話をかけようとした。以前、ウィソンさんは「式典当日、何かありましたら私のところに連絡をください」と話してくれていたのだ。すると、背の高い老人は「電話はかけるな!」と手で制し、つっけんどんに「入れ」とバリケードの隙間から通してくれた。

ドーム型をした朴正熙体育館は、かなり大きな敷地のなかにあった。屋外のメイン広場では、ジュースやお酒と一緒にキンパ(韓国風海苔巻き)やトッポギ、韓国おでんなどを扱う何軒もの屋台が仮設テントで準備を始めている。おそらく参加者らが集う憩いの場になるのだろう。

周辺には、一〇時三〇分を過ぎたころから迷彩服を着た人が徐々に集まり始めた。駐車場では何台もの大型観光バスが次々と止まり、参加者らが降りてくる。初めは少しずつ増えていた参加者は、開場時間が近付くにつれて倍増した。そして、正午前になると体育館周辺が迷彩柄で覆い尽くされ、異様な雰囲気を醸し出した。参加者らの迷彩服には、それぞれに「猛虎部隊（師団）」の〝虎〟や「青龍部隊（旅団）」の〝龍〟、「白馬部隊（師団）」の〝白馬〟など、部隊のトレードマークが肩に縫い付けられている。

私は、周辺の様子を撮影したあと、屋台でお茶を飲んでいた男性に声をかけた。猛虎部隊の元兵士だろうか、虎の肩章が付いている。

「アンニョンハシムニカ（こんにちは）」

男性は「おう」と振り返り、私の韓国語の発音が微妙だったためか、訝《いぶか》しげな表情を見せ、「ベトナム人か？」と聞いてきた。私が「日本人です」と返すと、「ほう。式典で日本人に会うのは初めてだ」と言って、別のテーブルで昼食をとっていた仲間らに、「イルボンサラム（日本人）」と私を紹介した。

「……で、何か用か？」

「実はベトナム戦争中、中部のフエ市にいらっしゃった方を捜していまして……」

「フエ市？」

私は、式典会場にソンポクさんの手掛かりを捜しに来たことを男性に説明した。男性は、そばにいた仲間らに「一九七〇年ごろ、フエ市にいた韓国人の知り合いはいないか?」と尋ねてくれたが、全員が「いない」と答えた。

「ここにいるメンバーは、ほぼ一九六八年から翌六九年にかけてクイニョン市(ビンディン省)にいた連中だから……」

私は、「カムサハムニダ(ありがとうございます)」と言いつつ、今日の式典について、ずっと気になっていたことを男性に尋ねてみた。

「式典では、どのようなことが行われるんですか?」

男性は紙コップに入ったお茶を飲みほしたあと、体育館の外階段で並んで記念写真を撮影している団体の様子を見ながら話した。

「簡単に言うと、ベトナム戦争に参戦した元軍人らの同窓会みたいなものかな。あと戦争で亡くなった同胞たちの追悼だ」

別のテーブルにいた仲間が「そろそろなかに入るよ」と男性に声をかけてきた。私も男性のうしろに続いて会場へと入った。

朴正熙体育館内には、一万人(この年の参加者は推計約一万四〇〇〇人=主催者発表)を超える迷彩服の参加者らがひしめき合っていた。私はその光景に圧倒された。席は参戦部隊ごとに、ある程度区切られていたが、参戦年が同じ者同士や出身地が同じ者同士がそれぞれに行き交い、空いている席に座って話し込んでいる。そのほとんどが男性だが、元兵士の妻や婦人会のような女性ばかりの団体もいくつかあった。また、数えるほどだが韓国に嫁いだベトナム人女性も参加していた。

一二時三〇分。司会者の声で一瞬にして会場が静まり返ったかと思うと、参加者全員による韓国国歌「愛国歌」の斉唱で式典が始まった。参戦部隊の部隊旗が入場し、戦死者らへの黙禱と続いた。その後、「きれいな竹（Cây trúc xinh）」という題名のベトナム伝統民謡「クアンホ」や、韓服《ハンボク》を着た女性らによる韓国伝統舞踊「プチェチュム（扇の舞）」などがステージで披露された。

そして最後に、大韓民国越南戦参戦有功者戦友会中央会のオ・ヨンラク会長（六五歳＝二〇一一年一〇月時点）が、「ベトナム戦争がなければ我々は今ここにいることはできない。京釜《キョンブ》高速道路やソウル地下鉄はもちろん、我々個人の生活水準の向上などに貢献してくださった朴正熙元大統領の功労を知るべきだ。同時に、ベトナムの国民らと亡き同志に感

亀尾市の朴正熙体育館で開催された「ベトナム参戦47周年記念」式典。ベトナム戦争に参戦した元兵士ら1万4000人（主催者発表）が参加した。（韓国・亀尾市、2011年10月）

式典で、韓国のベトナム戦争参加の歴史的意義を訴えたオ・ヨンラク大韓民国越南戦参戦有功者戦友会中央会会長。（韓国・亀尾市、2011年10月）

謝しなければならない」と、式典を締めくくった。

オ・ヨンラク会長が式典で述べた「朴正煕元大統領の功労」とは何か――。

一九五〇年に始まった朝鮮戦争の影響で壊滅的な被害を受けた韓国は、五三年の休戦時にはアジアの最貧国グループのひとつとなった。六一年五月のクーデターで権力を掌握した朴正煕国家再建最高会議議長は、クーデター直後に「民衆苦を至急解決し、自立経済基盤の確立を目標として、総力を尽くす」(＊6)と発表。強権的な政治を行いながら経済開発を推し進め、国内資金の調達によっての経済再建を試みるも、政府が期待したほどの資金を調達することができなかった(＊7)。

そんな折、一九六四年八月に北ベトナムで「トンキン湾事件」(第一章の「憎めない男」参照)が起き、アメリカがベトナムへの軍事介入を始める。朴正煕政権は、日本が朝鮮戦争で高度経済成長のきっかけをつかんだことをよく知っていた。そのため、ベトナム戦争を経済成長の絶好の機会と捉え、韓国軍戦闘部隊のベトナム派兵を決定し、派兵と引き換えるように「経済援助」というカードを日米両国から引き出していく。

韓国の復興においては、日本からの援助も大きな位置を占めた。一九六五年六月二二日、日韓の間で国交正常化を目的として締結された「日本国と大韓民国との間の基本関係に関する条約（日韓基本条約）」と同時に締結された付随協約のひとつの「財産及び請求権に関する問題の解決並びに経済協力に関する日本国と大韓民国との間の協定（韓国との請求権・経済協力協定）」第一条において、「三億合衆国ドルを一〇年の期間にわたり、無償で供与する」「二億合衆国ドルを額に達するまで低金利の貸し付けを行う」としている。韓国はベトナム戦争時代、この大部分の資金を国内の高速道路やダム、地下鉄建設などのインフラ整備に使用した（＊8）。その結果、韓国は一九六五年からベトナム戦争終結までの一〇年間で「漢江《ハンガン》の奇跡」と呼ばれる経済成長を遂げたのだ。

午後五時まで続いた式典が終わると、参加者らはあっという間に会場を去った。この日、私は十数人の元兵士らへのインタビューを試みたが、誰ひとりベトナム戦争中、フエ市にいた人には会えず、ソンポクさんに関する情報を得ることはできなかった。

「ベトナム戦争は誰もが被害者だった」

私は、「ベトナム参戦四七周年記念」式典のあとも、日韓越を行き来しながらソンポクさんを捜し続けた。しかし、何の手掛かりもないまま時間だけが過ぎた。ベトナムでキィさんとホアさんに初めて話を聞いてからすでに二年半が経過していた。

二〇一三年春、私が韓国に行くたびに会っていたウィソンさんから四九回目の記念式典の案内が届く。私はもう一度、式典でソンポクさんの捜索をしようと考えた。四七周年記念式典のときのようにこちらからインタビューをするやり方では取材できる人数が限られていた。私はどうしようかと悩んだ。

以前、ホーチミン市戦争証跡博物館のヴァン氏の紹介で、一九九九年に「韓国軍の残虐行為」を暴いた記事を発表し、韓国世論に大きな影響を与えるきっかけとなった具秀姃《クスジョン》氏（第三章の「タンさんの想い」）に、私は会ったことがある。具秀姃氏から韓国軍による民間人虐殺事件やライダイハンの話を聞き、私自身もベトナムでの取材内容を話した。そのなかでソンポクさんの境遇を話した。すると、具秀姃氏は「ベトナムから戻られる際、韓国に立ち寄られるのであれば、『ハンギョレ』の友人に伝えておきますので、記事で多くの人に知らせてみてはいかがですか？」と、私がしているソンポクさんの捜索を後押ししてくれた。そして、私は韓国で『ハンギョレ』の取材を受け、記事になった（＊9）。

私は、そのときの記事やキィさんが持っていた写真を複写したものなどをボードに貼り、式典当日、会場の入口で掲示することにした。そうすることで少しでも多くの人がソンポクさん家族の境遇を知り、情報が入るかもしれないと思ったのだ。

二〇一三年九月二四日、ソウル市松坡《ソンパ》区にある蚕室《チャムシル》室内体育館で開かれた四九回目の式典には、ベトナム戦争に参戦した元軍人ら推計約一万二〇〇〇人（主催者発表）が参加した。式典開始の約一時間前の午前一一時三〇分ごろになると、迷彩服姿の元軍人らがメインの入口から次々と入場していく。人で溢れかえった入口の前でボードを掲げていると、多くの人が内容を見てくれた。

「この人を捜しているのか？」。ボードに貼ったキィさんとソンポクさんのツーショット写真を指差し尋ねてくる人。また、持参したコンパクトカメラでボードを撮影し、「私のホームページで紹介しておくよ。何とか見つけてあげたいな」と言う人もいた。しかし、ソンポクさんに関する情報は、そこでは何ひとつ手に入らなかった。

その後、式典の取材を終え、会場をあとにしようとしていると、体育館の駐車場で「さっきは入口で何をしていたんだ？」と、ひとりの男性が朗らかな笑みを浮かべて声をかけてきた。私は「このチャ・ソンポクさんという方を捜しているんです」とボードを見せた。男性は『ハンギョレ』の記事に目を通して「フーバイ戦闘基地にいた民間会社社員か……」と呟《つぶや》き、上着のポケットから名刺を出した。

「私はイ・サンボム（六四歳＝二〇一三年九月取材時点）。忠清南《チュンチョンナム》道《ド》瑞山《ソサン》市の国家報勲処（＊10）で専門講師をしています。『自国（韓国）を愛する心』、つまり『愛国心』について、さまざまな人びとに指導しているんです。日本人のあなたがこのように生き別れた韓国人の男性を捜してくれているのは本当に嬉しい。心から感謝したい」と、私に握手を求めてきた。そして、「私の所属する会のホームページやメーリングリストで尋ねてみます。急がないので、詳細を名刺のメールアドレスに送ってください」と言った。

私は、その日の夜行便で日本に帰国し、サンボムさんにメールを送る。その二日後、

「ベトナム参戦49周年記念」式典の会場入口でボードを掲げ、チャ・ソンポクさんを捜索した。(韓国・ソウル市、2013年9月)

「ホームページに掲載しました」とサンボムさんから返信がきた。

サンボムさんに再会したのは、半年後の翌二〇一四年三月のことだった。三六回目のベトナム渡航からの帰りに立ち寄った韓国で、その後、情報がなかったかをサンボムさんに直接会って確認しようと思い、瑞山市まで足を延ばしたのだ。

ソウル市の南部バスターミナルから高速バスで約二時間。山間《やまあい》を抜け、瑞山市に入ると、郊外にはやがて訪れる春を待ち望んでいるかのように、一面茶色の穀倉地帯が広がっていた。時間がゆっくりと流れる田舎町だ。市内中心部の小さな瑞山公用バスターミナルの前には、カフェや大衆食堂、コンビニなどが一階に入った三階建ての雑居ビルが林立している。その場で改めてサンボムさんに電話をし、タクシーで事務所に向かった。

事務所に到着すると、サンボムさんが「ようこそ」と出迎えてくれ、大きなソファーがある応接室に通された。応接室の壁には一面にベトナム参戦当時の白黒写真や過去の式典に参加したときの記念写真、また感謝状のようなものが飾ってある。私は壁の写真をじっくりと観たあと、「ソンポクさん夫妻の情報をホームページで紹介してくださりありがとうございました。その後、どなたかから連絡はありませんでしたか？」と、サンボムさんに尋ねた。

サンボムさんはお茶の準備をしながら、沈んだ声で「残念ながらないですね」と言って、通訳と私をソファーへと誘った。

「ソンポクさんに関しての新しい情報は何かありますか？」

「いえ。全く……」

サンボムさんはソファーから立ち上がって、本棚からファイリングされた資料のいくつかを出してきた。

「ここにある軍関係の資料でもわかるのはこの辺りまでで、個人の情報はありません」と言いながら、資料を開いた。資料には韓国軍部隊の参戦の日と場所や人数、また、「索敵作戦」を実行した日付や捕虜にした人数、死者数などが詳細に記されている。そして、サンボムさんは、「ベトナム戦争終結からすでに四〇年近くが経っていますから、軍人ではないひとりの民間人を捜し出すのは相当困難だと思います」と、大韓民国越南戦参戦有功者戦友会のチャン・ウィソンさんと同じような表現をした。

朴根好・静岡大教授の前掲書によると、〈一九六〇年代に、韓国政府はいわゆる「人力輸出」の名のもとに、国内の余剰労働力を海外に送り、外貨を稼ぐ政策を進めていた。〔中略〕当時、韓国人にとって、ベトナムは砲煙に覆われたイメージではなく、いわゆるアメリカ西部開拓時代の金鉱探しのような「ベトナム成金」の夢に憧れた開拓地として認識されていた〉という（＊11）。

韓国は、一九六五年から七二年の間に兵士以外に延べ六万五四八四人（うち韓国企業二万六六三人、外国企業四万四八二一人）の派遣技術者をベトナムに送り込んだ（＊12）。そのなかからソンポクさんを捜し出すということは「干し草の中の針」を捜すようなものなのだろう。

ソンポクさん捜索に協力してくれているサンボムさんは、一九七一年三月に白馬部隊の兵士として参戦し、ビンディン省クイニョン市にあった韓国軍基地に駐留していたという。同年六月、戦闘で負傷した仲間を輸送しているとき、ベトコンの銃弾を喉元に被弾。その後、南ベトナムのヴンタウ省（現バリア＝ヴンタウ省）にあった米軍管轄の病院に三か月間入院した。

サンボムさんは、本棚から資料と一緒に持ってきたアルバムを開き、写真の説明を始めた。アルバムの最初のページは、水着姿の青年四人がビーチの水際に並んだ記念写真だった。「全員が白馬部隊の兵士。一番左が二二歳のころの私です」。次のページにはクイニョン市にあったという韓国軍基地の全景。写真中央に突き出た見張り台があり、周りを塹壕《ざんごう》が囲っている。韓国軍兵士だろうか、一〇〇人以上の人影が写っている。

参戦当時のベトコンの捕虜とのツーショット写真を指差し、「彼は本当に優しくていい男でした」と話す端山市国家法勲処専門講師のイ・サンボムさん。(韓国・端山市、2014年3月)

サンボムさんはソンポクさんの捜索は難しいということを言いたいのか「私と同期の兵士でさえ、今どこにいるのかわからない人もいます」と私の目を見た。そして、次の写真。建物の前に一本、ニッパヤシの木があり、片手に軍帽を持ったサンボムさんが笑顔で写っている。「この写真の数日後に私は喉を撃たれます」と、サンボムさんはカッターシャツの襟を少し開いて撃たれた傷跡を見せた。皮膚の色が変わった十円玉ほどの弾痕が喉元に残っている。

サンボムさんは当時を思い出しながら続けた。

「一九六四年五月、韓国はアメリカからベトナム派兵の要請があり、七月三一日に受け入れました。そして、その年の九月、第一陣として医療班とテコンドーの教官などの非戦闘部隊一四〇名を派遣します」

私は、サンボムさんの「アメリカからの要請」という言葉に疑問を抱いたが、否定はしなかった。ベトナム戦争に兵士を送り込んだ韓国軍は、アメリカの「傭兵」だったという意見がある（第五章の「徴兵か、傭兵か」で後述）。実際はどうなのか――。

韓国軍のベトナム派兵の議論は一九五〇年代の李承晩《イスンマン》政権時代から始まった。一九五四年、第一次インドシナ戦争でフランス軍がベトナム軍に敗れたのち、フランス軍支援のために韓国軍戦闘部隊の派兵を提議する。しかし、フランス政府が李承晩の提議に反対し、頓挫。アメリカもまた、提案を拒絶した（＊13）。その後、再び韓国軍のベトナム派兵が浮上する。

金賢娥氏の前掲書から引用する。

〈ベトナム派兵が再浮上したのは、一九六一年一一月ワシントンで開かれた朴正熙とケネディの第一次会談においてであった。軍事クーデターで政権を掌握し正統性を欠いていた朴正熙政権はアメリカの支持に政権の存亡をかけていた。この会談でアメリカは韓日国交正常化と、形式上最小限の選挙を実施すること（合法的な政府を樹立する民政移譲の形を整えること）などを要求し、朴正熙はベトナム参戦の可能性を含めて韓国からの支援を提議した。

一九六三年一〇月一五日の選挙で第三共和国が出帆した。しかし、最初の任期四年間、朴正熙政権は韓日国交正常化への反政府学生デモと野党の激烈な批判、与党内部での統治権への強力な挑戦にさらされた。〔中略〕

こうした限界のなかで朴正煕政権は、経済成長を成し遂げることで政府の正統性を確保しようとした。しかし韓国へのアメリカの軍事・経済援助が減少すると、朴正煕政権の基盤が揺らぎだした。そこで、朴正煕政権は、ベトナムへの軍事支援によるベトナム特需という経済効果と、派兵の対価としての援助を獲得するという目的を設定したのだろう〉
（傍点引用者。＊14）

つまり、前節の「『ベトナム参戦四七周年記念』式典」で述べた通り、韓国軍のベトナム派兵は、国内資金の調達では朝鮮戦争からの復興ができないと考えた朴正煕が、「派兵の見返り」として外貨を獲得し、経済成長を成し遂げるという目的があったのだ。

アルバムの最後のページには、空き地のなかにサンボムさんと肩を抱き合っている小柄な男性とのツーショット写真があった。

「これは私が運ばれたヴンタウ省の病院での一枚です。私の隣にいる小柄な男は、ベトコンの捕虜です。足を撃たれて保護され、私のあとに運ばれてきました。彼は本当に優しくていい男でした」

サンボムさんは、その写真を見ながら「今思えば、ベトナム戦争は誰もが被害者だったのです」と呟いた。

「猛虎部隊」元兵士の反論

ソサン市でサンボムさんに会った翌日、ソウル市のカフェで私はウィソンさんに再会した。

「お元気ですか？」

ウィソンさんは「元気だけが取り柄です」と笑い、「その後、ソンポクさんは見つかりましたか？」と言った。ウィソンさんと初めて会ってから丸三年が経つが、いつもソンポクさんのことを気にかけてくれていた。私は「新しい情報はないですね。いつもありがとうございます」とお礼を言った。

今回、私がウィソンさんに会う目的は他にあった。前月（二〇一四年二月）、本格的に取材を始めた、ベトナム戦時の韓国軍による民間人殺害事件について話を聞くことだ。

二〇一一年三月に初めて会った時、ウィソンさんは一九六五年一〇月から約一年半、猛虎部隊の兵士として、ベトナム中部のビンディン省にあった韓国軍基地に駐留したと話していた（二〇一一年当時は事件の取材を本格的に始める前だったため、私の頭の中で事件の起きた時期とウィソンさんの経歴が結びついていなかった）。

実はウィソンさんが所属していた猛虎部隊は、ベトナム人に最も恐れられていた部隊のひとつだ。アメリカ人ジャーナリストのデービッド・W・W・コンデ氏は、著書『朝鮮――新しい危機の内幕』のなかで、数々の「民間人殺害事件」を起こしたとされる韓国軍の青龍部隊と猛虎部隊について次のように記している。

〈索敵殺害――〝殺しつくし、焼きつくし、破壊しつくせ〟という作戦――のなかでも、最も残忍無比なことをやってのけたのは、ほかならぬこれら両部隊だったのである〉（＊15）

一九六六年二月一三日から三月一七日にかけてビンディン省で起きた〝ビンアンの虐殺〟（第三章の「大虐殺の村〝ビンアン〟」）は、猛虎部隊によるものとされる。これは、ウィソンさんが、猛虎部隊の兵士としてビンディン省に駐留していた時期と重なる。ソンポクさんの捜索で世話になっている手前、事件についてウィソンさんに直接問うのは若干憚られたが、事件に関する何かしらを知っている可能性があると考えたのだ。

カフェに入ってからしばらくは、時節柄、桜の話やお互いの近況などの世間話が続いた。「もしウィソンさんが事件を知っていたら」「もしウィソンさんが関与していたら」と思うと、私は、なかなか話を切り出すことができなかった。

三〇分くらいが経っただろうか、私は意を決してウィソンさんに尋ねた。

「今回、韓国に来る前に、ベトナムのビンディン省で取材をしてきました」

「ソンポクさんの奥様、キィさんのですか？」

「はい。もちろんキィさんにもお会いしました……それ以外に……ビンアン社、現在のタイヴィン社で、虐殺事件に遭遇した被害者遺族を取材しました」

「虐殺」という言葉を聞いたウィソンさんは今まで見せたことのない険しい表情になり、私との間に微妙な空気が流れた。そして、コーヒーを一口飲んで、静かに語り始めた。

「……以前、あなたに看板の写真をお見せしたと思います」

私は二年前の春、ウィソンさんに見せてもらった初代駐越韓国軍司令部、蔡命新《チェミョンシン》の言葉、「一〇〇人のベトコンを逃がしてもひとりの民間人を保護せよ」とハングルとベトナム語の二言語で書かれた看板の写真を思い出した。

「あの看板は、韓国軍が駐留しているベトナム中部のあちこちにありました。韓国兵らは、その至上命令を厳守しました。村に入るときには必ずスピーカーで『民間人は村から出るように』と広報をしてから入ったんです。だから、村にはベトコンしか残っていないはずです。命令に従っていた私たちが、罪もない村人を手にかけるわけがありません」

ウィソンさんが言うことが事実であれば、なぜ民間人の殺害事件が起きたのか――。私はいくつかの事件現場での取材中、「ベトコンは民間人になりすまし、村に潜り込んでいた」と聞いたことがあった。もしかしたら、韓国兵はベトコンと民間人の区別がつかず、民間人の大量殺戮《さつりく》に及んだのかもしれない。

話を続けるウィソンさんの身振りが大きくなった。

「……一九七九年一〇月に朴正熙大統領が暗殺されると、韓国は一気に民主化へと傾き始めました。そうすると、特に反朴正熙派の民衆がベトナムに参戦した軍人らを悪者にし始めます。あれほど韓国の国家再建のために力を注いだ私たちに対し、多くの国民が急に掌を返したんです」と、ウィソンさんは怒りで声を荒らげた。

韓国では、一九八〇年に入ると新学期を迎えた大学街を中心に民主化を求める声がどっと沸き立ち、いわゆる「ソウルの春」と呼ばれる学生運動が各地で展開された。そして、五月一八日には全羅南道光州市《チョルラナムドクァンジュ》で、民衆が一斉蜂起した有名な「五・一八光州民主化運動」が起き、民主化闘争は激化した。

「一九八〇年九月に就任した全斗煥大統領は、朴正熙の遺志を受け継ぎました。全斗煥が大統領になると、自分の意見と違うマスメディアの記者を次々と辞職に追いやります。その辞めさせられた記者たちが集まり、その後、反政府新聞社を立ち上げるんです。そのひとつが『ハンギョレ』です（＊16）」

早口で捲《まく》し立てるウィソンさんに、私は相槌《あいづち》を打つのが精いっぱいだった。ウィソンさんは大きくため息をついて、はっきりと言った。

「世界ではベトナム戦争は終わったように見えますが、実際にはまだ終わってはいません。韓国の反政府新聞社の彼らが銃をペンに変えて、私たち参戦軍人を陥れようとしているのです」

私はウィソンさんの話を聞き、「韓国兵に襲撃された」というベトナム側と、「民間人を殺《あや》めてはいない」という韓国側の言い分があまりにもかけ離れていることを知った。お互いこのままでは意見は決して交わることはなく、いつまでも平行線をたどるだろう。

韓国軍のベトナム派兵開始から半世紀が経ったこの年（二〇一四年）の九月二五日、大韓民国越南戦参戦有功者戦友会主催の「第五〇回記念」式典が、四九回目と同じ蚕室室内体育館で開催された。このとき、通訳を探していた私は、韓国の大学に勤める友人の日本人教師にファン・ボミ（第三章の「ギアさんと『ベトナムピエタ像』」に登場）を紹介してもらった。「私の叔父もベトナム戦争に参戦したんです。元軍人らがどのような会を開くのかとても興味があります」と、ボミは式典での通訳を快諾してくれた。

五〇回目となった式典には過去最多となる推計約二万人（主催者発表）が参加。アオザイを身に纏《まと》ったベトナム人妻や、その子どもらが、今まで以上に会場に見受けられた。また、数十人の在韓米軍兵士らも初めて参加していた。

プログラムは以前参加した二回の式典とさほど変わらず進行したが、ひとつ大きな違いがあった。式典終盤に、前年二月に大統領に就任した朴正熙の娘、朴槿恵《パククネ》のビデオメッセ

「ベトナム戦争は終わっていません」と強い口調で訴える韓国軍猛虎部隊の元兵士、チャン・ウィソンさん。(韓国・ソウル市、2014年3月)

初代駐越韓国軍司令部蔡命新司令官の「100人のベトコンを逃がしてもひとりの民間人を保護せよ」と書かれた看板の写真。(韓国・ソウル市、2012年3月)

ージが大きなスクリーンに映し出され、会場内で流されたのだ。

朴槿恵大統領は「皆さんが若いころ、国に貢献してくださったおかげで、今日の韓国の平和と繁栄の礎を築けたのです」と退役軍人らを激励した。しかし、ベトナムの人びとに対する韓国軍の非人道的な行為に言及することはなかった。

式典が終わり、会場近くのカフェで取材後の資料整理をしているときにボミが言った。

「私は式典に初めて参加しましたが、とても残念でした。私の叔父もベトナム戦争に参戦しました。幸い無事に帰還しましたが、戦争がトラウマ（心的外傷）となり、その後の人生が滅茶苦茶になったんです。今日の式典では、韓国軍の参戦者らはすべて『英雄』として扱われ、韓国軍が手をかけたとされる民間人虐殺事件のことについては何ひとつ触れようとしませんでした。知らないはずないのに……。同じ韓国人として恥ずかしいです」

私は資料整理をしていた手を止め、ボミの想いを聞いた。韓国社会のこと、歴史のこと、政治のこと、韓国軍参戦に関すること、そして叔父のこと――。

そして、「私もベトナムへ行き、真実を確かめたいです。もし事件を経験した生存者にお会いする機会があるならば、私は、ひとりの韓国人としてその方たちに謝罪したいです」と、ボミは目に大粒の涙を溜めた。

この日からおよそ二年後の二〇一六年九月、ボミがギアさんら「事件」の被害者に会ったのは、このときの韓国での「真実を確かめたい」という想いがきっかけだった（第三章の「ギアさんと『ベトナムピエタ像』」）。

第五章
「記憶」との向き合い方

三人の訪韓

第三章の「タンさんの想い」で少し触れたが、一九七五年のサイゴン陥落から四〇年の節目を迎えた二〇一五年四月上旬、フォンニ村・フォンニャット村で事件に遭遇したグエン・ティ・タンさんと、〝ビンアンの虐殺〟事件の生存者、グエン・タン・ランさん、そしてホーチミン市戦争証跡博物館館長のヒュエン・ゴック・ヴァン氏の三人が、韓国の平和博物館を中心としたNGOの招きで、ベトナム戦争中に韓国軍によって引き起こされた事件を多くの人に知らせるために、訪韓した。

「私は韓国で自身の境遇や殺された家族らのことを伝え、事件のことを正直に説明しようと思っていました。そうすることで私の気持ちも少しは軽くなると信じていたんです」（＊1）と、タンさんは韓国渡航前にそう考えていた。ところが実際、三人のベトナム人が韓国で目の当《ま》たりにしたものは、声を荒らげる元韓国兵らの姿だった。その様子を見たタンさんとランさんは、事件当時の忌まわしい記憶がよみがえったようだ。

三人の訪韓を報じた韓国のいくつかのインターネット新聞（＊2）によると、三人が訪れた先々で元軍人らが集会を開いたという。なかでも、滞在四日目の四月七日午後、ソウル市中心部の鍾路区《チョンノ》にある平和博物館で開催される予定だったイ・ジェガプの写真展「二つの戦争、二つの記憶」のオープニング・レセプションは、ベトナム戦争に参戦した元軍人の団体「大韓民国枯葉剤戦友会」ら三〇〇人以上の退役軍人が、博物館を取り囲んで集会を開いたことで中止に追い込まれた（＊3）。招待された写真展が韓国軍による民間人殺害事件を取りあげたものだったためだ。

三人がベトナムに帰国後の二〇一五年六月、私はベトナムでフォンニ村のタンさんに話を聞いたあと、ビンディン省のランさん宅を訪れた。韓国での話を聞かれると察したランさんは、以前に会ったときとは違い、「韓国での出来事は思い出すのも忌まわしい」と、ぞんざいな態度をとった。しかしランさんは、その場に居座る私の顔を見て、やれやれといった感じで、韓国での出来事を少しずつ話し始めた。

「……私は韓国・ソウル市に到着するまで、渡韓する目的をよく理解していませんでした。到着後に『平和の会』という団体らの歓迎を受け、韓国人写真家が撮影した虐殺事件関連の展示を観て、私はやっと韓国に呼ばれた理由を理解したんです」

ランさんは、まるで訪韓したことを後悔しているような口ぶりだった。

「韓国では見たくもない事件が何度も起きました。私たちが訪れるほぼすべての場所で迷彩柄の軍服を着た元軍人らが集まり、『お前たちは嘘を吐《つ》いている』『村に残っていたお前らはベトコンの家族だから、それらを殺してもオレらに責任はない』と、叫び声をあげるんです。私は嘘を吐いてもいませんし、『ベトコン（＊4）』でも『ベトコンの家族』でもありません。韓国兵による民間人の殺戮《さつりく》行為が、ベトナム戦争中、実際にこの村で起きたんです」

ランさんは首を横に振り、大きくため息をついた。

「私たちは、招待してくれた団体に言われるがまま、日本軍の元従軍慰安婦の女性らの生活を支援する施設『ナヌムの家』でおばあさんらの話を聞き、私とタンさんはソウル市の日本大使館前で開かれている、元従軍慰安婦とされる人らが日本政府に抗議するための『水曜集会』にも参加しました」

その後、韓国国内を移動したランさんは、受け入れ先の代表に、こう言われたという。

「ベトナム政府は、現在の良好な韓越関係を維持するために、ベトナム戦時下で起きた民間人の殺害事件を認めるよう韓国政府に求めていません。一方、韓国政府は日本政府に、従軍慰安婦らを『戦争被害者』として訴え続けています。それは私たち庶民が韓国政府に対して声を上げ続けているからです。韓国政府を動かすためには、まずはランさんがベトナム政府に働きかけたほうがいいでしょう」

このときのランさんは、何かを心に決めたように感じられた。

ランさんに会った数日後、私はホーチミン市に戻り、戦争証跡博物館館長のヴァン氏にも韓国での話を聞くために博物館を訪れた。

ヴァン氏は次のように語った。

「米軍には従軍記者が多数いましたが、韓国軍にはいませんでした。そのため、証拠となる写真などの記録がほとんどありません。さらに米軍に属していた連合国軍としての資料はありますが、韓国軍独自の資料が少ししか残っていないのです。近年、事件が起きたとされる地域に、地方の公務員らが本格的な聞き取り調査に入り始めたと聞いています。現時点では事実関係を調べている段階で、声を上げるのは、これからになるのではないでしょうか」

ベトナム戦争終結後から四〇年が過ぎた段階で、ようやく事件の本格的な調査に入り始めたというベトナム政府。「民間人殺害事件」が起きたとされる村では生存者らの老齢化が進んでいる。私が事件の取材をしている数年の間にも病気で亡くなった被害者がいた。あまりにも遅すぎるのではないか——。

そしてヴァン氏はこうも言った。

「もし、ベトナム人が今、ベトナム戦争時代に起きた韓国軍による事件を知り、韓国を嫌いになると困ります。在越韓国企業のベトナム人労働者の問題や経済援助の問題などあまりにも多岐にわたって影響が出ることになるのです。ベトナムは植民地にしていたフランスにも、中越戦争のときに攻め入ってきた中国にも一切謝罪を求めていません。もちろん、ベトナムを占領していた日本にも……。謝罪の言葉は必要ではありません。未来に向かって全世界の人びとが力を合わせることが大切なのです」

私は渡韓した三人の話を聞いて、事件を解決するには、あまりにもさまざまな問題が絡み合っていると感じた。

徴兵か、傭兵か

「会社には来ないでください。理由はお会いしてから話します」。ホーチミン市を中心に刊行されている有力紙『トイチェ新聞（＊5）』のチャン・クアン・ティ記者（三九歳＝二〇一六年九月時点、現フリーライター）は、待ち合わせ場所だけを告げ、急いで電話を切った。

二〇一六年九月一〇日、この日のホーチミン市は、今にも落ちてきそうな薄墨色の雲が空一面を覆っていた。路上のごみを巻き上げた生暖かい風が雨の香りを連れている。早めに待ち合わせのカフェに着いた私は、店の前で彼の到着を待った。約束の時間を少し過ぎ、一台のバイクが駐輪場に入った。ティ記者だ。

「先ほどは電話で失礼しました。例のSNSの投稿以降、私の行動はずっと誰かに見張られているんです。会社で話すと誰が聞き耳を立てているかわからないので……」と、彼は辺りをさっと見回し、小声で言った。

私がティ記者に会おうと思ったきっかけは、彼がSNSに投稿した韓国ドラマに関する記事が大炎上したことだった。私は、彼がどのような思いで投稿をしたのかを確かめたくなり、連絡をとったのだ。

その年二月に韓国国内で始まった韓国ドラマ『太陽の末裔《まつえい》』は、国内の最前線や海外に派兵された困難な状況下で韓国軍の軍人と女医が繰り広げるラブストーリーだ（＊6）。美男美女の俳優らの演技に多くのファンが心くすぐられ、放送と同時に大反響を呼んだ。そのドラマがベトナムでも話題となり、ベトナムのテレビ局も四月下旬からの放送を控えていた。

その矢先の三月二七日、ティ記者は、韓国軍の軍服を着たベトナム人歌手がテレビなどに出演し、その番組に夢中になる若者らの現状について、ベトナム人は歴史への向き合い方を考え直すべきではないかと問いかけ、「韓国軍のイメージを広報するような韓国ドラマ、『太陽の末裔』がベトナムで放映されるのは〝汚辱〟以外のなにものでもない」という内容をSNSに投稿する。投稿は三日間で八万七〇〇〇件近くシェアされ、大きな波紋を広げた。

彼はカフェに入ると、人気《ひとけ》のない場所を選んで腰を下ろし、コーヒーを注文した。椅子に座った彼はしばらく無言のまま、窓の外を行き交うバイクに目をやった。やがて注文した飲み物を持ってきた店員が目の前から去ると、彼は静かに話し始めた。

「……私は戦後の一九七七年にフーイエン省で生まれました。事件を取材しているあなたならご存じだと思いますが、民間人殺害事件の現場が点在している省です。私は戦後生まれなのでベトナム戦争を知りませんが、幼いころから両親や祖父母から事件のことを聞いて育ちました。ある村では、ひとりの韓国兵がベトコンに殺されたら、韓国兵らは一同に集結し、泣き叫び、狂人と化し、罪もない村人を次々と殺戮していったと母に聞きました」

彼は冷静に言葉を繋げた。

「私のSNSへの投稿後、『ドラマはただのエンターテインメントに過ぎないだろう』『韓国軍による事件のことを知らせてくれてありがとう』と、賛否は二分し、否定的な意見も多く見受けられました。また、同僚からは直接、『行動が極端だ』との意見も貰いました。でも、私は後悔していません。歴史教科書で教えないベトナム戦争時代の事件を、『太陽の末裔』が放送され、私の投稿を見ることによって、韓流ブームに乗っているベトナムの若者らに知らせる機会を与えられたのですから……」

私は、一途に話すティ記者の瞳の奥に光を感じた。

「戦争を知らないベトナムの若者の多くは、ベトナム戦争の『敵』はアメリカで、アメリカが謝罪と補償をすればいい、と思っています。韓国軍は米軍の『傭兵』だったとよく言われますが、ベトナム戦争中は米軍同様、韓国軍もまた独立した行動をとったので、私は単なる米軍の『傭兵』だとは思っていません。なので、きっちりと韓国も戦後責任を取らなければならないと考えています」

カフェの外では大粒の雨が降り出し、窓を叩いた。それはまるでティ記者に「それ以上は話すな！」と訴えかけているようだった。

ベトナムでは二〇〇〇年代後半ごろから、民主活動家、人権運動家、ブロガーなどに対し、社会・国家の安全を脅かしたとして「国家転覆罪」などが適用されるケースが表面化しはじめていたため（＊7）、ティ記者のSNS投稿も反政府行動とみなされるのではないかと、私は彼の身を案じた。

韓国軍による民間人殺害事件を取り上げた2016年9月11日から17日までの『トイチェ新聞』(全7回)。(ホーチミン市、2017年3月)

ベトナム有力紙『トイチェ新聞』のチャン・クアン・ティ元記者(現フリーライター)。(ホーチミン市、2016年9月)

「さまざまな意見が出ることは覚悟していました。しかし私の『書きたい。伝えたい』という衝動は止められなかったんです。事実、真実を正しく伝えるには、何かを犠牲にしないといけないときがあります。私は自分の今後のことよりも、ベトナムと韓国の関係が悪化しないことを切に願っています」。ティ記者は、そう言って不敵な笑みを浮かべた。

私がティ記者の取材をした翌日の九月一一日から一七日までの一週間、ベトナム戦争時代に起きた事件を取り上げた「虐殺の生存者」という特集が、『トイチェ新聞』で全七回にわたって組まれ、主に事件の生存者らの証言が報道された(＊8)。それを知り、私はティ記者が別れ際に笑みを浮かべた意図を汲んだ。この連載記事の中心人物のひとりがティ記者だったのだ。

連載の第六回では、「最後の任務：話すために生きる」というタイトルでビンディン省のグエン・タン・ランさんが取り上げられた。ランさんは、訪韓後の二〇一五年七月〝ビンアンの虐殺〟に関して、ベトナム政府が韓国政府に、①ベトナムで犯したことに対する謝罪を要求すること、②生存している被害者に対する責任を認めさせること、③民間人虐殺による被害者家族に対する責任を問うこと、の三つを要求するようビンディン省人民議会の代表らに公式に提言したという。政府の統制が強いベトナムでは、ランさんの提言も、『トイチェ新聞』の連載も画期的な出来事だ。韓国の『ハンギョレ新聞』も一連の報道を取り上げ、〈トゥオイチェーの今回の連続報道は事実上政府黙認のもとで行われたと見られ、（ベトナム国内の）雰囲気が変わったことが感じられる〉（丸括弧内引用者。＊9）と伝えた。

「ベトナムピエタ像」のその後

ティ記者の「SNS大炎上」があった同じ年の二〇一六年四月、「ベトナムピエタ像」の石膏原型がソウル市の貞洞《チョンドン》で公開された（第三章の「ギアさんと『ベトナムピエタ像』」）。

二〇一六年は、ベトナム中部で韓国軍による民間人殺害事件が多く発生した一九六六年から五〇年目の節目の年になる。ピエタ像の建立を計画した「韓ベ平和財団」建立推進委員会は、「この一年の間に事件が起きたとされるベトナム中部の多くの村で『虐殺五〇周年の追悼式典』が開かれる予定だ」としたうえで、「行事に合わせて謝罪と慰霊の意味を込めて、『ピエタ像』を贈るために各村やベトナム政府と委員会関係者が接触している」と明らかにした（＊10）。

「ベトナムピエタ像」の制作を担当したのは、ソウル市の在大韓民国日本国大使館の向かい側に設置された「平和の少女像」と同じ彫刻家のキム・ウンソンとキム・ソギョン夫妻だ。夫妻は、元日本軍慰安婦らが戦時性暴力の被害者を救済するために設立した「蝶基金」の活動で、前年（二〇一五年）にベトナムを訪問し、韓国軍による性暴力事例などを共同調査した（＊11）。キム・ウンソンは、二〇一六年八月に東京で講演を行ったときに、〈ベトナム戦争についてはあまり知らなかった。〔中略〕平和紀行として訪れた際に、韓国軍による民間人虐殺がとても多かった事実を知った。〔中略〕何か謝罪と反省をしなければならないという思いで、ベトナムピエタ像を作ることになった〉（＊12）と、制作理由を述べた。

しかし、事件が起きたベトナムのどの村にも「ピエタ像」を設置する許可がおりず、同年一〇月、ダナン博物館に寄贈された（＊13）。ダナン博物館は、以前から韓国軍による民間人殺害事件（主にクアンナム省での事件）を独自に取り上げ、事件が起きた当時の写真や資料の展示をしていた。その延長線上において、ピエタ像の受け入れを決めたという。

ダナン博物館が受け入れを決めたおよそ半年後の二〇一七年三月、私は同館を訪れた。その時点では、寄贈されたベトナムピエタ像は公に展示されていなかった。館内を案内してくれたダナン博物館「対外関係ギャラリー」の前責任者、グエン・ティ・チン氏（四一歳＝二〇一七年三月時点、現ダナン美術館副館長）が、「現在、『像』は地下倉庫に保管しています。見ることは可能ですが、写真撮影は禁止しています。ご覧になりたいですか？」と言った。私は即座に「はい」と返事をすると、チン氏は館長に連絡をし、許可をとった。

そして、チン氏の後ろについて、「関係者以外立ち入り禁止」と書かれた柵を通り抜け、地下へと続く階段を下りた。

地下倉庫は、壁際に椅子やテーブルなどの備品があり、特別展だろうか、展示を終えた額縁などが綺麗に整頓されていた。部屋の真ん中に、ガラスケースに入ったピエタ像があった。新聞などで公表されている大きさよりもかなり小さい（＊14）。高窓から注ぐ光が反射し、ブロンズ製の「像」そのものが鈍い光を放っているように見える。像を支える台座には、前面にベトナム国花の「蓮」、後面に「鶴」、左側面に「水牛」、右側面に「鯉」がデザインされていた。

「『ベトナムピエタ像』がダナン博物館に寄贈されたことを、私はとても嬉しく思っています」と話すダナン博物館「対外関係ギャラリー」前責任者のグエン・ティ・チン氏。（ダナン市、2017年3月）

「昨年一〇月、具秀妌《クスジョン》さんと二〇余名の韓国人が、こちらにピエタ像を運んで来られました。ダナン博物館に寄贈されたことを、私はとても嬉しく思っています。ただ、現時点では展示ができていませんが……」

「公開はいつごろになる予定ですか？」と、私はチン氏に尋ねた。チン氏はピエタ像を、じっと見つめたまま、「わかりません……」とだけ小声で言って、それ以降、私の質問には口をつぐんだ。

私は、ダナン博物館の地下に眠るベトナムピエタ像の実物を確認したあと、建立される予定だった村のひとつ、クアンガイ省ビンソン県ビンホア社まで南下した。そして、建立予定地そばに住むドアン・ギアさん宅を再び訪ねた。ギアさんは、社に建てられなかった「ピエタ像」について次のように話した。

「昨年（二〇一六年）、『韓ベ平和財団』が来られるまでに、ビンホア社の人民委員会の職員が訪れ、『この村にピエタ像は建てられない』と言いました。理由は言いませんでしたが、おそらくベトナムと韓国の外交関係に配慮しての発言だと私は感じました。その後、財団の方から『村には建てられなかったので、小型の像を贈呈します』と連絡いただいたのですが、『韓国人が像を持参しても受け取るな』と、人民委員会の職員に言われていました。私自身は、『像』に触れると母を感じられると思い、頂きたかったのですが……」

と、「ピエタ像」のモチーフとされたであろうギアさんは残念がった。

事件の被害者救済ムーブメントは、韓国の「韓ベ平和財団」建立推進委員会が建立しようとした「ベトナムピエタ像」だけに留まらない。二〇一七年九月、イギリスでもベトナム戦時下での韓国軍の行動に対する動きがあった。

ベトナム戦争中に「ライダイハン」が多数生まれた問題で、韓国政府に参戦軍人による性犯罪を認めて謝罪するよう求め、被害者らの救済を目指す民間団体「ライダイハンのための正義」がロンドンに設立されたのだ（＊15）。イギリス人の市民活動家が呼びかけたとされ、ライダイハンとその家族を巻き込みながら、募金活動や、問題の周知のためのキャンペーンを行っている。

同団体には、市民活動家や作家、芸術家、フリージャーナリストらが参加。イギリスのジャック・ストロー元外相が、団体の「国際大使」を務めている。

団体設立からおよそ二年後の二〇一九年六月、イギリス人彫刻家のレベッカ・ホーキンスさんが、被害女性と子どもらをかたどり制作したブロンズ製の「母子像（通称ライダイハン像。高さ二三〇センチ、重さ七〇〇キロ）」がロンドンで開かれた集会で披露された。翌七月下旬にはロンドンのウエストミンスター地区の公園セントジェームズスクエアで一般公開された（＊16）。

六月にロンドンで開かれた集会には、三人のベトナム人が参加した。ベトナム戦争中に韓国兵に強姦され、子どもを産んだふたりの性被害者と、ひとりのライダイハンだ。そのうちの性被害者のひとりが、二〇〇九年九月に私が初めて会ったヴォー・ティ・マイ・ディンさんだった（第二章の「交差点のカフェ」参照）。二〇一九年夏に一連の動向をインターネットの記事や団体のウェブサイト（＊17）で知ったのだが、かつて私の取材に「あのころのことは、もう思い出したくありません」と話していた彼女が渡英したことにとても驚いた。そして同年九月、どのような心境の変化があったのかを確かめるべく、私はビンディン省にある彼女の自宅を訪ねた。

久しぶりに会ったディンさんは元気そうだった。私は、イギリスの集会に参加したことがニュースになっていたことを彼女に伝え、なぜ渡英したのかを聞いた。すると彼女は、自身が渡英したことを私が知っていることに驚き、以降の質問には、口をつぐんだ。ただ、

「イギリスに行ったことを後悔しているんですか?」という問いに、首を縦に振り、「私は利用されました」とだけ呟《つぶや》いた。続けて、「誰に利用されたんですか?」と確認したが、彼女は自宅の奥へと逃げるように行ってしまったのだった。

ベトナム戦争は終わっていない

二〇一六年以降は韓国国内でも大きな動きがあった。

ベトナムピエタ像の建立のために尽力した「韓べ平和財団」建立推進委員会が、二〇一六年四月に行われた財団の発足式（発足式は四月に行われたが、実際に発足したのは、同年九月）で「ピエタ像」の石膏原型を公開して間もなく、財団内に激震が走った。「像」の公開直後に、大韓民国越南戦参戦有功者戦友会の元軍人らが、市・道支部長懇談会を開催し、具秀姃氏らによる「陰湿な攻撃勢力への対応及び対策」を話し合ったのだ。そして、二〇一四年一〇月に発売された『週刊文春』（一〇月一六日号）の具秀姃氏のインタビュー記事、ベトナム各地の事件現場での発言、二〇一六年の『ハンギョレ』の「ベトナム戦争関連の記事」のすべてを「虚偽、捏造《ねつぞう》」と主張。七月、参戦有功者戦友会が「虚偽事実の摘示による名誉棄損」で具秀姃氏を告訴した。告訴人は参戦軍人八三一人に上り、原告代表は参戦有功者戦友会のチャン・ウィソンさんが務めた（＊18）。

訴えに対し、具秀姃氏は、「私は今までベトナムで事件の被害者などの調査をしてきたが、今回の告訴で韓国軍側の資料などが手に入り、今までの資料と照合できる可能性がある。そのため、むしろ良かったのではないか」と話したという（＊19）。

このとき、告訴された具秀姃氏が相談をした相手が、のちに国家情報院（国情院）にベトナム戦争時代の韓国軍による民間人虐殺関連資料を公開するように求めた民主社会のための弁護士会（民弁）所属の林宰成《イムジェソン》弁護士だった。二〇一七年に林宰成弁護士がコーディネーターとなり、民弁らの弁護士で「民弁ベトナムTF」を立ち上げる（＊20）。民弁ベトナムTFは、韓国軍による民間人虐殺事件があったことは世間に広く知られているにもかかわらず、公式的な調査、謝罪、賠償がなされていないことに疑問を呈し、この問題を法律的に検討するために始まったという（＊21）。

そうして、林宰成弁護士は二〇一七年八月、国情院に虐殺関連資料の情報公開を求めた。しかし、「当該資料が公開されれば、国の重大な利益を著しく害する恐れがある」「調査当事者のプライバシーが侵害される」などの理由で、国情院が公開を拒否したため、林宰成弁護士は同年一一月、非公開処分の取り消しを求めて提訴した（＊22）。

「はじめに」で述べたように、二〇二一年三月二五日、林宰成弁護士が国情院を相手取って起こした韓国軍による民間人虐殺関連資料に関する情報公開拒否処分無効確認訴訟で、原告勝訴の判決を下した原審が確定した（＊23）。

今回、韓国大法院が国情院に情報公開を命じたのは、ベトナム戦時下の一九六八年二月にクアンナム省のフォンニ村・フォンニャット村で起きた事件の、中央情報部（国情院の前身）が持つ、当時の軍幹部を尋問した調書と報告書だ。この情報公開によって、韓国政府が沈黙し続けてきた事件の真相を究明する道が開かれるものと思われた。

しかし、大法院の判決に従って二〇二一年四月五日に国情院が公開した関連資料は、ハングルで「チェ・ヨンオン／釜山《プサン》」「イ・サンウ／江原《カンウォン》」「イ・ギドン／ソウル」と書かれた一五文字だけだった。ベトナム戦争に参戦した韓国軍青龍部隊の小隊長三人の名前と、調査当時に彼らが住んでいた地域名のみだ。文書リストにあったと思われる生年月日などは非公開だった（＊24）。それでも、情報公開を求めた林宰成弁護士らは四月九日、ソウル地方弁護士会で会見を開き、「今回の請求で韓国政府が保有するベトナム戦争中の『民間人虐殺』の情報が初めて確認できた」と評価したうえで、「韓国政府が調査した記録の一切を公開するよう要求する」と述べた（＊25）。

その後、裁判所の事実照会要請にもかかわらず、国情院は「情報公開訴訟の判決を通じて提供しており、追加事項は法に定められた手続きによって処理することが妥当」だと、「韓国軍による民間人虐殺」関連記録の公開を事実上拒否し、民弁ベトナムTF弁護団の戦いは、最初（二〇一七年八月）に資料の情報公開を国情院に求めてから三年半以上の時を経て、振り出しに戻った。

なぜ、真相究明しようとする民弁ベトナムTFと韓国政府の間で、このような押し問答が続くのだろうか――。理由のひとつに韓越政府それぞれの思惑があげられる。

韓国政府は、これまでもこうした韓国軍による民間人虐殺事件を公式に認めていない。ベトナム戦争に韓国兵を送り込んだ朴正熙《パクチョンヒ》大統領以降、全斗煥《チョンドゥファン》、盧泰愚《ノテウ》の両大統領がベトナム参戦軍人だったこともあり、韓国民主化が実現した一九八七年以降もベトナム戦争の負の側面を語ることは、韓国社会では〝歴史のタブー〟であり続けた。

そんななか、一九九八年に就任した金大中《キムデジュン》大統領が、訪越中に「不本意ながら、過去の一時期、不幸な時期があった」と、戦後初めてベトナムに謝罪をする。しかし、ベトナムのファン・ヴァン・カイ首相は、その言葉に対し、「過去に区切りをつけ、未来を見つめよう」と述べるにとどまった（＊26）。

それもそのはず、韓越国交正常化を果たした一九九二年当時、「韓国軍のベトナム参戦など過去の歴史を問題視しない」とし、「韓国軍の派兵は冷戦体制下でやむを得ない」という韓国政府の主張にベトナム政府は同意していたのだ。ベトナム政府は「戦勝国としてあえて謝罪を受ける必要はない」と、国交正常化から得られる実利を重要視した（＊27）。

その後、金大中と政治理念が一致する盧武鉉《ノムヒョン》大統領が、二〇〇四年に「韓国民は心の借りがある」と発言。また、二〇一八年には文在寅《ムンジェイン》大統領が、ベトナムのチャン・ダイ・クアン国家主席との首脳会談で「我々の心に残っている両国間の不幸な歴史について遺憾の意を表する」と発言した。しかし、韓国大統領府関係者は「ベトナム民間人虐殺の真相調査や賠償につながる公式謝罪ではなく、遺憾表明だ」とした（＊28）。

クアン主席は文在寅大統領の発言に対し、「ベトナム戦争の歴史に対する韓国政府の誠意を高く評価する」としたうえで、「両国間の友好関係をさらに強化するために、韓国政府は努力して欲しい」と述べたという。未来志向で過去を直視しない両政府のおかげで、事件の被害者らは、真相が解明されることのないまま置き去りにされている。


文在寅大統領の発言から二年後の二〇二〇年四月、フォンニ村のグエン・ティ・タンさんが原告となり、韓国政府を相手取って「民間人虐殺に責任がある大韓民国政府は三〇〇〇万ウォン（約二六〇万円）を賠償せよ」と、ソウル中央地裁に損害賠償訴訟を提起した。ベトナム人被害者自身による韓国での国家賠償訴訟は、これが初めてだ。タンさんは、ソウル中央地裁前で行われた記者会見にビデオ通話で参加し、「すべての被害者の名誉回復を求める」と訴えた（＊29）。この裁判の原告代理人は、二〇一七年一一月に情報公開裁判を起こした民弁ベトナムＴＦの林宰成弁護士が務めている。

二〇二一年四月、一五文字のみが明らかになった韓国軍による民間人虐殺関連資料の情報公開を求めた裁判と、同月に開かれたタンさんの国家賠償訴訟の第二回口頭弁論を終えた翌五月下旬、私はビデオ通話でタンさんに今の想いを尋ねた。

「一連の経過は、代理人弁護士団の方から聞いています。私は、韓国政府や事件を否定する兵士らに、ただ事件を起こしたという事実を認めて欲しいだけなのです。私はフォンニ村・フォンニャット村で亡くなった七四名の魂を背負い、これからも戦っていきます」と、タンさんは画面越しに怒りを露わにし、涙を流した。

強い口調で訴えるタンさんをはじめ、ベトナム戦争終結から半世紀近く経った今も、事件に遭遇した人びとの間では、ベトナム戦争は遠い昔の記憶にとどまっていない。それどころか、記憶のなかで新たな火種を生んでいる。一度起こしてしまった戦争の傷は、いつまでも癒えることなく、人びとの心のなかで生き続ける。

私は、ライダイハンの女性、チャン・ティ・デュンさんの取材中、私自身に向けられた「他人の辛い過去を掘り返す意味」と、ビンディン省のタクシードライバーのバオ兄に問われた「韓国にとっての暗部を暴く意味」について、今も自問自答を繰り返している。

私は、ベトナム戦時下で起きた民間人殺害事件の当事国出身者ではなく、第三者的な立場で事件の真相に近付こうとしている。事件を風化させないためには、ベトナム人被害者らの証言に加えて、元韓国兵らにもまだまだ話を聞かねばならない。

元韓国軍兵士らへの取材は、二〇一四年三月に猛虎部隊のチャン・ウィソンさんに話を聞いて以降も幾人かに試みてはいる。しかし、対面した元兵士らはベトナム戦時下での「民間人殺害」について話を向けた途端、我関せずの態度を示して一様に口をつぐみ、それ以上の取材を拒んだ。

二〇一四年一一月にソウル市・汝矣島《ヨイド》の韓国国会図書館ロビーで「日本のヘイトスピーチと嫌韓出版物展示会」（＊30）が開催された際には、退役軍人団体の元兵士のひとりが展示物のなかに私の書いた記事が載る雑誌を見つけて激昂し、「この記事を書いた人物（村山）は、以前に私たちを取材した奴ではないか。奴には二度と韓国の地は踏ませない」などと、韓国人の通訳を介して私に圧力をかけてきたこともあった。

翌年四月の韓国行きを最後に、以降はベトナムでの取材（南シナ海での領土領海問題、現在の上皇・上皇后両陛下の訪越、残留日本兵の家族の取材、米朝首脳会談など）に集中することになり、韓国側の取材は思うように進まなかった。そうするうち、二〇二〇年初頭に新型コロナウイルス感染症の脅威が瞬く間に世界を覆った。国を跨《また》ぐ移動が制限され、対面での取材が困難なまま、時が過ぎている。

近い将来、新型コロナウイルスに終息の兆しが見え、国の往来が以前のようにできるようになれば、石川文洋氏から学んだ「一度関わったからには、責任をもつ」という教えを胸に、これからも時間の許す限り、圧力に屈することなく、この問題の当事者らに正面から向き合っていく。そう決意した。

おわりに

「昨年三月に父は死にました……」

フーイエン省ドンホア県ホアヒエップナム社トーラム村に住むファム・ディン・タオさんは低い声でそう言い、表情を変えることなく私を自宅に招き入れた。二〇一四年六月、二〇一六年九月に続き、三回目に訪れた二〇一八年二月のときのことだ。私が最初に自宅を訪れたあとに、父親のファム・チュンさんは脳卒中を患い、二〇一五年の旧正月ごろから歩けなくなったという。二回目の訪問時に、チュンさんは奥の部屋にひっそりと置かれたベッドで寝たきりの状態になっていた。そのチュンさんが亡くなった。彼が生きている間に証言を公にできなかったのは、あまりにも無念だ。初対面のとき、呟《つぶや》くようにチュンさんが発した「私たちにとっての人生は辛く苦しいものです」という言葉が、今も頭のなかから離れない。

また、二〇二〇年四月に韓国政府を相手取り損害賠償訴訟を起こしたフォンニ村のグエン・ティ・タンさんは、二〇二一年五月に日本からビデオ通話で取材した際、「私はフォンニ村・フォンニャット村で亡くなった七四名の魂を背負い、これからも戦っていきます」と話し、大粒の涙を流した。

今も「苦しみ」や「悲しみ」を抱いて生きる彼らの証言を記録することは、率直に言って、容易《たやす》い作業ではなかった。私はいつも、事件を知る取材対象者に話を聞くとき、「私が彼らの立場だったら」と考える。すると、言葉では到底言い表せないほどの悲痛な感情に、毎回飲み込まれてしまうのだった。私は、やるせないあまりに、取材後に車の陰で泣き崩れたり、通訳やドライバーと別れ、小一時間ひとりで畦道《あぜみち》に座り、空を見上げて物思いに耽《ふけ》ったりもした。今となっては恥ずかしい限りだが、取材中に号泣し、次の質問が出てこないことさえあった。事実を追い求める者として感情に振り回されるのが良くないことは百も承知だ。しかし、この一連の取材活動は、それほどまでに胸が張り裂ける思いがした。

一方、韓国でベトナム戦争に参戦した元兵士らが参加する参戦記念式典を取材したとき、私が参加した三回の式典（第四七回、四九回、五〇回）では、事件に一切触れることなく、元兵士らは韓国を貧困から脱却させた「英雄」として扱われていた。その光景を目《ま》の当たりにした私は、ベトナムでの取材を通じて事件の内容を少しずつ把握していただけに、かつてない空虚感に苛《さいな》まれた。

何度取材を重ねても、ベトナム戦争を経験した人や事件の被害者、また参戦軍人らのその後の人生に事件がどれほどの傷を残したか、推し量ることすらできない。ただ私は、彼らが今、何を思い、何を伝えようとしているのかを、知ろうと努力してきた。本稿に登場する当事者らの「声なき声」が、ほんの一部でもベトナムや韓国の歴史を知るきっかけになれば幸いだ。

当初、小学館ノンフィクション大賞に応募した本稿は「人道に逸れていること。むごいこと」を意味する『没義道』という題名にしていた。新書として刊行するにあたり、『韓国軍はベトナムで何をしたか』に改題した。

余談にはなるが、書き加えておきたいことがある。

私が生まれたのは、『伊豆の踊子』や『雪国』などで知られる川端康成が、日本人で初めてノーベル文学賞を受賞した一九六八年の、一一月の「文化の日」だった。私の名前「康文」は、川端康成の「康」と、文化の日の「文」を頂いたものだ。川端康成や太宰治などの純文学を好み、若いころには文筆家になることを夢見ていた父が命名した。その父がこの世を去ったのは、本稿執筆中の私と同じ年齢の五二歳のときだった。

本稿をまとめるにあたっては、今までに書いたことのなかった長文のため、途中幾度も挫折しそうになった。そんなときには、父親ならこの部分はどう表現するだろうか、と思いを馳せた。すると天国の父親がポンと背中を押してくれた気がして、突然、筆が進むのだった。

また、過去の取材中の出来事を正確に描写するために、同行してくれた通訳やアシスタント、取材対象者に連絡を取り、改めて当時の状況を確認したりもした。あるときはベトナムの雰囲気を思い起こすために、土産でもらったベトナムコーヒーやジャスミンティーを自宅で淹《い》れ、現地の香りを感じたりもした。

二〇二〇年初頭から世界中で流行し始めた新型コロナウイルス感染症は、人と人、国と国との間に距離を広げた。私も同年三月を最後に二年以上も渡越できていない。これほどまでに渡航期間が空いたことは、ベトナムに通い始めてから一度もなかった。

ベトナムは二〇二二年三月中旬に観光市場を開放し、入国条件を緩和。四月下旬には、有効なワクチン接種証明書があればベトナムからの帰国後待機も必要がなくなった。

今年こそ、事件の取材を再開し、知り合った人びとに再会するため、ベトナム・韓国の地に降り立つつもりだ。カメラとペンを相棒に——。

本書をまとめるにあたっては、すべてのお名前を挙げられないほど多くの方々のお力添えをいただいた。まずは、ベトナムと韓国両国でベトナム戦争当時の辛く苦しい状況を回顧しながらお話しくださったみなさんに深く感謝したい。

長年にわたり通訳やコーディネーターとして私の活動を支えてくれているチャン・ティエン・ダオ氏は、今回の件においても、当事者や事件を知る人びとを探し出し、多くの現場に同行してくれたかけがえのない友人だ。グエン・ティ・ホン・ロアン氏は、私がこの事件の取材を始めたころ、現場での聞き取り調査の通訳をしてくれた。そして、フーイエン省のホー・ミン・サン兄をはじめとする現地でお世話になっているドライバーたち。またベトナムで共に食卓を囲みたい。

本書には登場しないが、ベトナム現地の情報を精査してくれたグエン・ティ・ガイ氏。ベトナム語の新聞や書籍の翻訳を手伝ってくれたファム・ティ・トゥー・ホアイ氏のふたりにも重ねてお礼を言いたい。

二〇一四年に出会うべくして出会った韓国語通訳のファン・ボミ氏。二〇一六年にはベトナムの事件現場に同行し、被害者遺族らから話を聞いた。そのとき彼女が流した真珠のような大粒の涙を、私は生涯忘れることはないだろう。

また、私の初めてのソンミ虐殺事件取材に同行し、サポートしてくれた瀧野恵太氏。二〇一三年に韓国・ソウル市で開催された大韓民国越南戦参戦有功者戦友会の式典で、軍服姿の元兵士らに囲まれながらもボードを掲げ、ベトナム・ビンディン省に住むふたりのライダイハンを産んだキィさんの、生き別れた夫を捜すためにアシストしてくれた青木寛太氏。彼らのフットワークの軽さと何事にもたじろがない度胸には敬服する。

現在、ベトナムに移り住み、現地の住民らとコーヒー精製に力を注いでいる山岡清威氏は、キィさんと、およそ一〇年前から家族のような関係を築いてくれている。そして今回、英文資料の翻訳を手伝ってくれた清水真行氏。山岡氏と清水氏は、私と同じ匂いのする良き戦友だと、私は認識している。近い将来、新型コロナが終息し、自由に渡越できる日が来たならば、ベトナムの空の下、互いに馬鹿を言い合っていたあのころのように、日越の未来について夜通し語り明かしたいと思う。

記者を目指していた大学生時代に、ベトナム中部の取材に同行した寺田結氏は、夢を叶えて中日新聞社の記者になった。彼女には、今回、私の筆が進まないときに的確なアドバイスをもらった。さらに、毎日新聞社カメラマンの山田尚弘氏は、ベトナム取材を本格的に始めたころからずっと私を支えてくれている。彼らをはじめとし、ベトナムや韓国で私の取材をアシストしてくれたみなさんに厚くお礼を申し上げたい。私ひとりではここまで広く、深く取材できなかったと感じている。

藤本博・南山大学アメリカ研究センター客員研究員（元・南山大学外国語学部教授）には、ソンミ虐殺事件に関し、今回改めて多くの助言をいただいた。本書の帯に推薦文を寄せてくださった、私が勝手に師と仰ぐ報道写真家の石川文洋氏。氏の思いやりと、優しさに触れなければ、私がベトナムを追い続けることはなかっただろう。

そして、一年半以上もの間、編集にお付き合いくださった及川孝樹氏の激励と助言なしに本書を書き上げることはできなかった。また、小学館発行の雑誌『ＳＡＰＩＯ』に、私が取材を続けている韓国軍による民間人殺害事件の発表の場を、定期的に与えてくださった野村康之氏。そして今回、私が取材をしてきた多くのデータに光を当てる機会をくださった小学館の弥久保薫氏に心より感謝する。

最後になったが、本書を執筆中、多くの無理を聞いてくれた妻の村山麻里子にはどれほど言葉を紡いでも感謝の意は伝えきれない。

私に「康文」と命名してくれた天国の父親と、長期間高齢者福祉施設で暮らしている母親に、本書を捧げる。

二〇二二年五月　京都の自宅にて　村山康文

関連年表（ベトナム戦争及び戦後の動向など）

	ベトナム戦争関連	韓国軍の動向、戦後の韓国とのかかわり
1959年	5月、ベトナム労働党中央委員会が南ベトナムへの武力解放を決議	
1960年	12月20日、南ベトナム解放民族戦線設立	
1961年	4月29日、アメリカが軍事顧問などの増派を決定	
1964年	8月2日、4日、米駆逐艦へ北ベトナムの魚雷艇が攻撃（トンキン湾事件） 8月7日、米国議会、トンキン湾決議採択	9月11日、韓国軍医療団・テコンドー教官団が釜山港を出発（22日、ヴンタウに上陸）
1965年	2月7日、北爆開始 3月2日、北爆恒常化（ローリング・サンダー作戦） 3月8日、米兵3500人がダナンに上陸	2月5日、工兵部隊派遣 10月、戦闘部隊1万8500人がベトナムに上陸
1966年		1966年1月から1969年10月にかけてベトナム中部の約80か所で約9000人の民間人が韓国軍に殺害される 4月16日、猛虎部隊の補充要員がベトナム上陸 8月9日、白馬部隊上陸

1968年	1月30日、テト攻勢開始 3月16日、クアンガイ省ソンミ村で米軍による虐殺が起こる 5月13日、パリ会談開始	
1969年	1月25日、拡大パリ会談開始 6月8日、南ベトナム共和国臨時革命政府樹立	
1970年	5月1日、米・南ベトナム軍、カンボジアに侵攻	
1971年	2月8日、南ベトナム軍がラオスに侵攻	
1972年	3月~5月、解放勢力の春季大攻勢	
1973年	1月27日、パリ和平協定調印 3月29日、米軍ベトナムから撤退	3月23日、韓国軍ベトナムから完全撤退
1975年	4月30日、サイゴン陥落（南部解放）	
1976年	7月2日、南北統一、ベトナム社会主義共和国成立	
1979年		10月26日、朴正熙暗殺
1980年		5月18日、光州事件
1992年		12月22日、ベトナムと韓国の国交樹立
1995年	7月11日、ベトナムとアメリカの国交正常化	
1998年		8月、金大中大統領がベトナム訪問時にベトナム戦争について謝罪

1999年		5月6日、『ハンギョレ21』がベトナム民間人虐殺疑惑を報道 9月2日、『ハンギョレ21』が「ベトナムキャンペーン」を開始（2000年9月6日まで）
2000年		6月27日、元兵士らがハンギョレ新聞社を襲撃
2002年		クアンナム省ハミ村の慰霊碑の落成式
2013年		2月25日、朴槿恵が大統領に就任
2014年		9月25日、韓国軍の参戦50周年記念式典開催
2015年	4月30日、南部解放・南北統一40周年記念式典開催	4月上旬、グエン・タン・ランさん、グエン・ティ・タンさん、ヒュエン・ゴック・ヴァン氏の3人が訪韓
2016年		3月27日、チャン・クアン・ティ記者が韓国ドラマに関する私見をSNSに投稿 4月27日、「ベトナムピエタ像」の石膏《せっこう》原型を公開 9月、「韓べ平和財団」発足 9月11日〜17日、『トイチェ新聞』で虐殺事件に遭遇した生存者らの証言の連載
2017年		民弁ベトナムTF結成
2018年	3月16日、クアンガイ省で「ソンミ虐殺事件」50周年追悼式典開催	

2020年	4月、グエン・ティ・タンさんが韓国政府を相手取って損害賠償訴訟を起こす
2021年	4月5日、国情院が事件の関連資料を公開 11月16日、韓国軍元兵士が戦後初めてソウル中央地裁に出廷し、クアンナム省で起きた事件を証言

注

はじめに

＊1：『CBSストレートニュース』国家情報院、ベトナム虐殺調査私的文書…「国益害するおそれ」／『CBS노컷뉴스』국정원, 베트남학살 조사문건 비공개…"국가이익 해칠 우려"(2017-11-21) https://nocutnews.co.kr/news/4880822（最終閲覧日：二〇二一年八月二五日）。

＊2：伊藤正子『戦争記憶の政治学―韓国軍によるベトナム人戦時虐殺問題と和解への道』（平凡社、二〇一三年）、二五～二八頁。「ベトナムキャンペーン」は、最初「ベトナム戦争良民虐殺悪夢清算のためのキャンペーン」と呼ばれ、その後、「ごめんなさいベトナムキャンペーン」となり、「ベトナムキャンペーン」と名前を変える。ここでの「良民」とは、韓国では「共産主義者ではない普通の人」の意味で使用。

＊3：伊藤正子、前掲書、二九頁。

＊4：参照記事は、以下の二紙。

◆『ハンギョレ』「枯葉剤戦友会」本社で暴動／『한겨레』'고엽제전우회' 본사서 난동（2000-06-28）。

◆『東亜日報』枯葉剤戦友会「ハンギョレ報道」抗議デモ／『동아일보』고엽제전우회 '한겨레 보도' 항의 시위（2000-06-28）。

＊5：『ハンギョレ』4年の訴訟で引き出した15文字…韓国政府の「ベトナム戦争虐殺記録」保有を確認／『한겨레』베트남전 민간인학살 정보 공개하랬더니… 4년 만에 고작 '열다섯 글자' 건 국정원（2021-

04-10）。

＊6：『韓国日報』「韓国軍がベトナム民間人を稲田に集めて殺害」参戦軍人が法廷で証言／『한국일보』“한국군이 베트남 민간인 논바닥에 모아놓고 죽여” 참전군인 법정 고백（2021-11-16）。

＊7：『ハンギョレ日本語版』［インタビュー］ベトナムの犠牲者に謝罪しなければ日本にも堂々と立ち向かえない（二〇一六年一〇月四日、修正：一〇月五日）http://japan.hani.co.kr/arti/politics/25315.html（最終閲覧日：二〇二一年八月二七日）

＊8：伊藤正子、前掲書、二八頁。一九九九年九月二日に『ハンギョレ21』で具秀妊氏が発表した記事（「ベトナムの冤魂を記憶せよ」／『한겨레21』“베트남의 원혼을 기억하라”（1999년9월2일 제273호））では、殺害された民間人の数を、「まだ不完全な統計」（ベトナム文化通信部）という但し書きを付けたうえで五〇〇〇人余りと見ているが、具秀妊氏は入手した資料とその後の調査で、事件現場を八〇件余り、犠牲者を九〇〇〇人余りと推定している。

【第一章】

＊1：松岡完（政治外交史）『ベトナム戦争―誤算と誤解の戦場』（中公新書、二〇〇一年）、吉澤南（歴史学）『ベトナム戦争―民衆にとっての戦場』（吉川弘文館、二〇〇九年）、古田元夫（歴史学）『歴史としてのベトナム戦争』（大月書店、一九九一年）、小倉貞夫「南ヴェトナム解放民族戦線樹立の背景」（『東南アジア―歴史と文化―』№.21、一九九二年）八八～一一五頁など。

＊2：ベトナムは第二次世界大戦後、日本の降伏によってホー・チ・ミンを首長とするベトナム民主共和国を建国し、独立を宣言した。しかし、フランスが進駐し、傀儡政権を樹立。これに伴って、第一次イ

ンドシナ戦争が起きる。戦争でフランスは次第に追い詰められ、最終的にディエンビエンフーの戦いで敗北し、一九五四年七月、ジュネーブ協定の調印で第一次インドシナ戦争は決着する。その後、全国統一選挙を実施することになったが、アメリカが協定に参加せず、ベトナムは完全に南北に分断された。そうして、第二次インドシナ戦争（ベトナム戦争）へと突入していく。

＊3：石川文洋『カラー版　ベトナム　戦争と平和』（岩波新書、二〇〇五年）「はじめに」i頁。「解放軍兵士」は、北ベトナム軍とベトコンを指す。ベトナム戦争での死者の一次資料の出典は、「ベトナムの英字新聞『ベトナムニューズ』（一九九五年四月五日付）」。また、『(国家有功者公法公社）大韓民国越南戦参戦有功者戦友会』が、二〇一四年のベトナム参戦第五〇回記念式典で配布した冊子「越南戦参戦護国安保決起大会並びに多文化家庭支援協和大会　第五〇回」／『(국가유공자공법단체) 대한민국월남전참전자회』월남전 참전 호국안보 결의대회 및 다문화가정 지원 한마음대회50, 2014（四二頁）によると韓国軍の戦死者だけで五〇九九人であるため、この支援国部隊の戦死者数は少なく見積もられていると思われる。

＊4：米軍部隊によって無抵抗の村人五〇四名が殺害された事件は、一般に「ソンミ虐殺事件」と呼ばれる。この理由は、この虐殺がトゥークン集落と呼ばれるところで起こり、当時の南ヴェトナムの行政単位の呼び名では、トゥークン集落が他のミライ、コールイ、ミケーの三集落とともに行政単位としてクアンガイ省ソンティン県ソンミ村（社）に属していたからである。上記の四つの集落で構成されるソンミ村は、二〜三平方キロメートルに広がる地域であった。アメリカでは、虐殺が行われた地域が米軍の軍事作戦上の地図で「ミライ第四地区」と位置づけられていた。藤本博『ヴェトナム戦争研究―「アメリカの戦争」の実相と戦争の克服』（法律文化社、二〇一四年）三五頁。

＊5：『平和をどう展示するか―第三回世界平和博物館会議報告書』のベトナム戦争証跡博物館館長グェン・テェツ・バン「平和博物館の国際コミュニティに対する役割」一二九頁より。なお、報告書の氏名グェン・テェツ・バンは誤り。正しくはヒュエン・ゴック・ヴァン（Huỳnh Ngọc Vân）。

＊6：ソンミ虐殺四〇周年追悼式典（二〇〇八年三月一六日）時点での生存者は二〇名。うち七〜八名が旧ソンミ村に暮らしているということだった。（藤本博、前掲書、二七六頁）。

＊7：藤本博、前掲書、三九〜四〇頁。

＊8：藤本博、前掲書、一一六〜一一七頁。

＊9：藤本博、前掲書、一九一頁と、マイケル・ビルトン、ケヴィン・シム著（葛谷明美、後藤遥奈、堀井達朗訳、藤本博、岩間龍男監訳）『ヴェトナム戦争　ソンミ村虐殺の悲劇―4時間で消された村』（明石書店、二〇一七年）五六六、五六八頁を参照。

＊10：〈サイゴンでは韓国軍の戦いぶりがベトナム人の間で評判になっていた。韓国軍は解放戦線支配下の村落を攻撃するとき、住民もいっしょに殺すとか、娘たちはみんな暴行されたとか、韓国軍得意の待ち伏せ攻撃で、無実の住民が多数殺されたという話がなかば公然とささやかれていた〉亀山旭『ベトナム戦争―サイゴン・ソウル・東京』（岩波新書、一九七二年）一二二頁。

【第二章】

＊1：フォンニ村とフォンニャット村は、「フォンニ・フォンニャット村」と略されることが多いが、ひとつの村ではなく、隣接する「フォンニ村」と「フォンニャット村」のふたつの村から構成されている。

＊2：『共同通信社』「ソンミ村虐殺事件を謝罪　米陸軍元中尉、四一年後に」（二〇〇九年八月二三日）。

＊3：ベトナムでの高病原性鳥インフルエンザ（H5N1型）感染による人の死亡例は、二〇〇六年三月までに世界最多の四二人。（比沢奈美「各国の鳥インフルエンザ対策─東アジア地域を中心として」国立国会図書館『調査と情報』№521、二〇〇六年三月）。

＊4：ライダイハンの数は、『京郷新聞』と『釜山日報』から引用。『京郷新聞』は三〇〇〇人から二万人と推計し、『釜山日報』は、五〇〇〇人から三万人と推計。

◆『京郷新聞』初めて胸に抱いた「父親（の故郷）の月」／『경향신문』처음 품에 안아본 '아버지의 달'（2002-09-17）。https://m.khan.co.kr/article/200209171633241/（閲覧日：二〇二一年七月一二日）。

◆『釜山日報』「敵の子」蔑視の中で成長／『부산일보』'적군의 자식' 멸시 속 성장（2004-09-18）。「ライダイハン」とは、厳密には一九九二年、ベトナムが韓国と国交を結ぶまでにできた子どもの呼称で、九二年以降にできた韓国人とベトナム人女性の間の子どもは「新ライダイハン」と呼ばれる。ただ、近年はベトナム人女性と韓国を含む外国人男性との間の子どもの総称として「ライダイハン」が用いられることも多い（『別冊正論第二三号』村山康文「韓国はベトナム戦争で何を為したか」産経新聞社、二〇一五年三月）。

＊5：ヴィンさんの戸籍証明（ID）上の年齢は三六歳。ベトナムでは、徴兵を逃れるために年齢を偽ったり、貧困などの理由で出生証明書をかなり後になって取得することもある。

【第三章】

＊1：『（国家有功者公法公社）大韓民国越南戦参戦有効者戦友会』の前掲冊子。

＊2：『ハンギョレ21』ああ、震撼の韓国軍！／『한겨레21』아, 몸서리쳐지는 한국군!（1999년5월6일

제256호)。

＊3：「ナワウリ」は日本語で「わたしとわたしたち」。個人と共同体の調和を通じて民族和解を追求する市民団体。主な活動に、挺身隊ハルモニと行く花見、紅葉見物、ベトナムのコリアン二世及びベトナムの村に対する支援活動などがある。

＊4：金賢娥『戦争の記憶　記憶の戦争―韓国人のベトナム戦争』（安田敏朗訳、三元社、二〇〇九年）三三七頁。

＊5：伊藤正子『戦争記憶の政治学―韓国軍によるベトナム人戦時虐殺問題と和解への道』（平凡社、二〇一三年）一一七頁。引用文中の「テイヴィン社」を、筆者は「タイヴィン社」と表記。タイヴィン社と周辺の五社のベトナム語表記は以下。タイヴィン（テイヴィン）（Tây Vinh）社、ニョンハウ（ニョンホウ）（Nhơn Hậu）社、ニョンフック（Nhơn Phúc）社、ニョンミー（Nhơn Mỹ）社、タイアン（テイアン）（Tây An）社、タイビン（テイビン）（Tây Bình）社。引用文中に「一二〇〇余名の住民が虐殺された」とあるが、現地の案内板には「韓国軍が民間人一〇〇四名を殺害」と掲出。「ゴーザイという丘」は、一般的に「ゴダイの虐殺」と知られているが、民族衣装のアオザイ（Áo dài）の「ザイ（dài）」と一緒のため、「ゴーザイ（Gò Dài）」とした。

＊6：ビンディン省は中部の低地帯に属し、二期作で、米の収穫期が三月と八月に分かれる。収穫期が三月のものを「三月米」、八月のものを「八月米」と呼ぶ［太田晃舜「ベトナムにおける稲作に関する一考察」『人文地理学』一九六七年、一九巻三号を参照）］。

＊7：伊藤正子、前掲書、一一八頁。

＊8：伊藤正子、前掲書、二〇六頁。

＊9：金賢娥、前掲書、一二〇頁を参照。

＊10：伊藤正子、前掲書、三七頁。

＊11：金賢娥、前掲書、一二六～一二九頁。引用文中の「フォンニー村とフォンニュット村」はそのままとした。

＊12：青龍部隊（大韓民国第二海兵旅団）は、第一次が一九六六年四月一五日～七三年三月までフーイエン省トゥイホア市に駐留し、第二次が一九六六年九月一九日～六八年一月六日までクアンナム省チューライ（ヌイタン県）に駐留。第三次が一九六八年一月七日～七二年一月二九日までクアンナム省ホイアン市に駐留。『(国家有功者公法公社）大韓民国越南戦参戦者会』の前掲冊子（(국가유공자공법단체）대한민국월남전참전자회『월남전 참전 호국안보 결의대회 및 다문화가정 지원 한마음대회 50』）、二〇一四年、二一頁。

＊13：伊藤正子、前掲書、九〇頁。

＊14：クアンナム省ディエンバン県ディエントー社トゥイボー村（現チャウ・トゥイ村）。一九六七年一月三一日（旧暦一九六六年一二月二一日）に韓国兵が高齢者、婦女、子ども一四五人を殺害したとされる事件。『ティエンフォン新聞電子版』虐殺地域の憎悪を解決する／"Báo điện tử Tiền Phong" Hóa giải hận thù ở vùng thảm sát（29-04-2015）。

＊15：伊藤正子、前掲書、九一頁。

＊16：伊藤正子、前掲書、九七頁。

＊17：金賢娥、前掲書、二八二～二八四頁。

＊18：伊藤正子、前掲書、一〇九頁。

＊19：伊藤正子、前掲書、一一一頁。
＊20：岡山県ベトナムビジネスサポートデスク「ベトナムにおけるマグロ漁業」『岡山県ベトナムビジネスサポートデスクレポートVol.78』二〇一四年。
＊21：『フーイエン新聞オンライン』韓国兵との戦い／“Phú Yên Online” Giáp chiến với lính đánh thuê Nam Triều Tiên（21-06-2013）。
＊22：ファン・タン・ビン編纂『ホアドン社党委員会の歴史』／Đọc sửa bản in : Phan Thanh Bình “LỊCH SỬ ĐẢNG BỘ XÃ HÒA ĐỒNG”(1930-2005)（ĐẢNG BỘ XÃ HÒA ĐỒNG, 2010）一五九～一六〇頁とファン・タン・ビン編纂『ホアミー社の歴史』／Sửa bản in : Phan Thanh Bình “LỊCH SỬ XÃ HOA MỸ”(ĐẢNG BỘ XÃ HÒA MỸ ĐỒNG / ĐẢNG BỘ XÃ HÒA MỸ TÂY HÒA MỸ, 2013）一三九～一四〇頁（ホアドン社とホアミー社は、いずれもフーイエン省タイホア県）。
＊23：ベトナム戦争時代、ホアヒエップ社はトゥイホア県（現トゥイホア市）に属し、北（バック）、中（チュン）、南（ナム）の三つに分かれていた。
＊24：一般的に〝ブンタウ村の虐殺〟として知られる「ブンタウ」は伊藤正子と金賢娥の著書、いずれも「ホアヒエップナム社ブンタウ村」としている。しかし「ブンタウ」はダグウ村に属した小集落のため、筆者はここでは「Xóm」を「集落」とし、また「V」で始まるため「ヴンタウ集落」と表記した（Xóm Vũng Tàu, Thôn Đa Ngư, Phường Hòa Hiệp Nam）。
＊25：金賢娥、前掲書、三三七～三三八頁。ドイモイとは、一九八六年に政治・経済体制の活性化を図るためにベトナムがとった政策（刷新政策）。以下四点の刷新を党のスローガンとした。思考、経済発展戦略、経済体制、対外戦略。

＊26：ヴンタウ集落の石碑及びマンさん宅への筆者の訪問年月日は、二〇一四年六月、二〇一六年九月、二〇一七年三月、二〇一八年二月。

＊27：『ハフポスト日本版』ベトナム戦争の韓国軍の虐殺被害者が訪韓　そこで見た「落差」とは（二〇一五年四月一三日、更新四月一四日）。

＊28：タンさんの家で確認した『ハンギョレ21』第三三四号の奥付年月日は「一一月二三日」となっている。

＊29：韓ベ平和財団は『アジアニュース』（二〇一六年四月二七日付）によると、「正しい歴史認識をもとにした未来世代のための平和教育」「ベトナム戦争の研究、出版、アーカイブ活動」「韓国―ベトナム文化芸術交流を通じた平和・和解・協力促進」「ベトナム戦争の真実究明と被害者支援」「参戦軍人たちの苦痛の連帯と東アジアの平和と共生のためのアジア市民連帯構築」などの事業を展開する予定とある。

＊30：伊藤正子、前掲書、二〇～二四頁。

＊31：John Schlight "The War in South Vietnam : The Years of the offensive 1965-1968" (Univ Pr of the Pacific, 2002) 一五五頁。

＊32：ノーさんは、アンニョン県ニョンミー社トゥアンドゥク村での事件を一九六六年二月六日（旧暦一月一六日）に起きたと証言したが、彼は米兵に拘束されていた時期なので、日にちは確かではない。また、伊藤正子と金賢娥の著書内のベトナム文化通信部資料及びタイソン県の慰霊碑そばに掲出されている事件を説明する看板のいずれにもノーさんが住むニョンミー社を含む〝ビンアンの虐殺〟は、時期を「一九六六年二月一三日から三月一七日（旧暦一月二三日から二月二六日）にかけて」としている。ノーさんの証言に勘違いがあるのか、もしくは〝ビンアンの虐殺〟に含まれない別の事件であったのかは、現時点では確認できていない。

＊33：筆者が韓国軍による民間人殺害事件の取材をした地域は、二〇一七年三月時点でクアンナム省（ディエンバン県）、クアンガイ省（ソンティン県、ビンソン県）、ビンディン省（タイソン県、トゥイフォック県、アンニョン県）、フーイエン省（ドンホア県、トゥイアン県、タイホア県）など。

＊34：〝ビンホアの虐殺〟の日付に関しては、伊藤正子の前掲書には、「一九六六年一二月六日（陰暦一〇月二四日）から」（一六六頁）とあり、また金賢娥の前掲書には、「一九六六年一二月五日、朝五時ちょうど、つまり陰暦丙午年一〇月二三日」（七〇頁）との記載がある。筆者はビンホア社に建つ慰霊碑に刻まれている日にちと聞き取り調査に基づき、旧暦（陰暦）は西澤有綜編著『暦日大鑑』（新人物往来社、一九九四年）の新旧暦表を使用し、韓国軍が村に押し入ってきた日を「一九六六年一二月五日（旧暦一〇月二四日）」とした。ちなみにこれまで取材した村にあった「慰霊碑」及び「憎悪碑」には事件の日は旧暦が刻まれていたが、〝ビンホアの虐殺〟現場にあった「慰霊碑」には、新暦が刻まれていた。

＊35：『ハンギョレ日本語版』韓国軍が虐殺した民間人慰霊のため少女像作家が「ベトナムピエタ」建立を構想（二〇一六年一月一五日、修正同月一六日）http://japan.hani.co.kr/arti/politics/23077.html（閲覧日：二〇二一年五月一九日）。

＊36：『ハンギョレ日本語版』少女像の隣に立つ「ベトナムピエタ」（二〇一六年四月二七日、修正同月二八日）http://japan.hani.co.kr/arti/politics/24001.html（閲覧日：二〇二一年五月一九日）。

【第四章】

＊1：朴根好『韓国の経済発展とベトナム戦争』（御茶の水書房、一九九三年）一八頁。

＊2：野村進『コリアン世界の旅』（講談社文庫、二〇〇九年）二三七頁。

＊3：「木が枯れると葉は根元に落ちる」とは、歳を重ねると人は誰しも生まれた場所に戻る（ここでは「ふたりが出会った場所」）という意味でキィさんは話した。

＊4：金賢娥『戦争の記憶　記憶の戦争―韓国人のベトナム戦争』（安田敏朗訳、三元社、二〇〇九年）五一頁。

＊5：大韓民国越南戦参戦有功者戦友会主催の式典の正式名称は、私が参加した三回（第四七回：二〇一一年一〇月一五日、第四九回：二〇一三年九月二四日、第五〇回：二〇一四年九月二五日）のいずれも微妙にニュアンスが違う。

◆第四七回：ベトナム参戦四七周年記念―移住ベトナム人女性の家族招待協和祭（베트남참전47주년기념—베트남이주여성 가족초청 마음축제）

◆第四九回：越南戦参戦第四九周年記念式典及び護国安保・多文化家庭支援協和イベント（월남전참전제49주년기념식 및 호국안보・다문화가정 지원 한마음행사）

◆第五〇回：越南戦参戦護国安保決起大会ならびに多文化家庭支援協和大会（월남전 참전 호국안보결의대회 및 다문화가정 지원 한마음대회 50）

＊6：朴根好、前掲書、七八頁。

＊7：朴根好、前掲書、七八〜七九頁。

＊8：外務省ホームページ、「財産及び請求権に関する問題の解決並びに経済協力に関する日本国と大韓民国との間の協定（韓国との請求権・経済協力協定）」https://www.mofa.go.jp/mofaj/gaiko/treaty/pdfs/A-S40-293_1.pdf

＊9：『ハンギョレ』ラム・ティ・キィさんの韓国人夫を捜しています／『한겨레』람티키의 한국인 남편을 찾습니다、二〇一一年三月二一日。
＊10：国家報勲処とは、大韓民国の国務総理室の配下にある国家行政機関。愛国心の高揚のための活動が主な役割。参戦軍人や枯葉剤被害者の支援、愛国心宣揚などの事務も行っている。
＊11：朴根好、前掲書、二八〜二九頁。
＊12：朴根好の前掲書二九頁にある［表2-5「ベトナム派遣技術者数及び送金額の推移」］から延べ人数を引用者が算出。
＊13：金賢娥、前掲書、一〇八〜一〇九頁。
＊14：金賢娥、前掲書、一〇九〜一一〇頁。第三共和国とは、一九六三年から七二年までの間、大韓民国（韓国）で存続した政治体制。
＊15：デービッド・W・W・コンデ（岡倉古志郎監訳）『朝鮮―新しい危機の内幕』（新時代社、一九六九年）四〇頁。
＊16：野副伸一「韓国における経済開発と民主化」（日本貿易振興機構アジア経済研究所、『朝鮮半島（地域研究シリーズ第二巻）』、一九九一年、二一〇〜二一三頁）によると、〈1987年の「6・29宣言」以降の韓国社会の特徴を一言で表現すると、各界各層からの要求の噴出で社会全般が活性化した半面、利害対立を調整する機能なりルールが確立されないため、混乱と混迷を深めている状態にある。政治的抑圧がはずされることで、今まで抑えられていた不満、反発、矛盾が一気に噴出し、それらが韓国社会を覆っている。〔中略〕／特に目立つのが言論の自由の拡大と労働運動の活性化である。／まず前者では、新聞の活性化が著しく、日刊紙のページ数は大幅に増え、全斗煥政権時代に廃止させられた記者の

地方駐在制度が復活した。さらに『ハンギョレ新聞』など日刊紙が新たに数多く登場した〉とある。

【第五章】

＊1：タンさんがベトナムに帰国後の二〇一五年六月に行った筆者のインタビューによる。

＊2：「いくつかのインターネット新聞」とは以下。

◆『ハフポスト日本版』ベトナム戦争の韓国軍の虐殺被害者が訪韓　そこで見た「落差」とは（二〇一五年四月一三日、更新二〇一五年四月一四日）。https://www.huffingtonpost.jp/2015/04/13/vietnam-war-victim-korea_n_7053626.html（最終閲覧日：二〇二一年六月八日）。

◆『ハンギョレ』ベトナム戦争虐殺事件被害者「防空壕に隠れていた家族を韓国軍が銃で一人ずつ撃った」／『한겨레』방공호 숨어 있던 우리 가족…한국군이 한명씩 총을 쐈다（등록：2015-04-09）。https://www.hani.co.kr/arti/society/society_general/686277.html（最終閲覧日：二〇二一年六月八日）。

◆『ハンギョレ』【社説】直視すべき〝ベトナム戦民間人虐殺〟問題／『한겨레』[사설] 직시해야 할 '베트남전 민간인 학살' 문제（2015-04-08）。

＊3：三人のベトナム人は、オープニング・レセプションには参加せず、翌日写真展を見学した。「大韓民国枯葉剤戦友会」は、前出の大韓民国越南戦参戦有功者戦友会（第四章の「若き韓国兵の恋」など）や越南参戦戦友福祉会（第三章の「閉ざされた『慰霊』の言葉」）とは別団体。

＊4：ランさんがベトコンに参加したのは、事件で母と妹を失い、かなり時間がたってから。

＊5：南部で人気のある日刊紙。ホーチミン市のホー・チ・ミン共産青年団の機関紙でもある。

＊6：『太陽の末裔』（原題：태양의 후예、英題：Descendants of the

Sun）全一六話。最高視聴率四一・六パーセント。「太陽の末裔 Love Under The Sun 公式サイト」。https://kandera.jp/sp/taiyou/

＊7：法律家などへの国家転覆罪適用については、以下などを参照。

◆ヒューマン・ライツ・ウォッチ「ベトナム：拘束中の法律家　釈放せよ　Cu Huy Ha Vu（クー・フイ・ハー・ブー）弁護士の投獄　市民による画期的闘い始まる」（二〇一一年五月二六日）。https://www.hrw.org/ja/news/2011/05/26/243041（最終閲覧日：二〇二一年六月八日）。

◆アムネスティ・インターナショナル「ベトナム：体制批判への弾圧　弁護士が新たな犠牲者に」（二〇一三年一〇月一五日）。https://www.amnesty.or.jp/news/2013/1015_4233.html（最終閲覧日：二〇二一年六月八日）。

◆『ニューズウィーク日本版』「ベトナム高裁、人権活動家の控訴審で禁固一三年　人権・民主活動家に厳罰で臨む政府」（二〇一八年九月一七日）。https://www.newsweekjapan.jp/stories/world/2018/09/13-15.php（最終閲覧日：二〇二一年六月八日）。

＊8：『トイチェ新聞オンライン』虐殺の生存者／“Tuổi Trẻ Online” Sống sót sau thảm sát（11.09. - 17.09.2016）（全七回）。

＊9：『ハンギョレ日本語版』ベトナム日刊紙、ベトナム戦での韓国軍民間人虐殺を異例の報道（二〇一六年九月二三日）。http://japan.hani.co.kr/arti/international/25228.html（最終閲覧日：二〇二一年六月八日）。

『トイチェ新聞』を指す「トゥオイチェー」は、原文ママ。

＊10：『ハンギョレ』韓国軍が虐殺した民間人慰霊のため少女像作家が「ベトナムピエタ」建立を構想／『한겨레』소녀상 친구' 베트남 피에타（2016-01-16）。「韓ベ平和財団」は二〇一六年九月に発足。

＊11：『ハンギョレ日本語版』韓国軍が虐殺した民間人慰霊のため少女像作家が「ベトナムピエタ」建立を構想（二〇一六年一月一六日）。「蝶基金」とは、ふたりの元「従軍慰安婦」の意向から戦時性暴力被害女性を救う目的で二〇一二年三月に韓国で設立。

＊12：『ハンギョレ日本語版』［ルポ］ベトナムピエタ像と少女像、戦争加害に対する謝罪と反省の面では本質的に同じ（登録、修正ともに二〇一六年八月二九日）。http://japan.hani.co.kr/arti/international/25030.html（閲覧日：二〇二一年五月二四日）。

＊13：『ベトジョー』韓国平和財団、ベトナム戦争時の行為謝罪のピエタ像を贈呈（二〇一六年一〇月一四日）。https://www.viet-jo.com/news/social/161013080517.html（閲覧日：二〇二一年五月二四日）。

＊14：新聞などで公表されたサイズは、縦横七〇センチ×高さ一五〇センチ、重量一五〇キログラム。ダナン博物館の「対外関係ギャラリー」の前責任者、グエン・ティ・チン氏によると、ダナン博物館に寄贈されたサイズは、縦横二七センチ×高さ五〇センチ、重量一一キログラム。

＊15：『産経新聞』【歴史戦】ベトナム戦争に派兵された韓国兵士の女性暴行「韓国政府に謝罪要求」英国で団体設立、混血児問題で像制作（二〇一七年九月一九日）。

＊16：『産経新聞』「ライダイハン像」ロンドン中心部の公園で一般公開（二〇一九年八月一日）。

＊17：『産経新聞』前掲記事及び「ライダイハンの正義」JLDH Justice for Lai Dai Hanホームページ、https://www.laidaihanjustice.org/（最終閲覧日：二〇二一年八月三〇日）。

＊18：『ハンギョレ』「ベトナム虐殺」大韓民国が被告席に座るか／『한겨레』'베트남학살 '대한민국 피고석에 앉을까（2016-10-25）。

＊19：『ハンギョレ』前掲、「ベトナム虐殺」大韓民国が被告席に座るか。

＊20：『朝鮮日報』民弁、今度は「韓国軍に虐殺されたベトナム民間人損害賠償請求訴訟」／『조선일보』민변, 이번엔 "한국군에 학살된 베트남 민간인 손배소"(2019-07-31)。

＊21：『ハンギョレ』前掲、「ベトナム虐殺」大韓民国が被告席に座るか。

＊22：『CBSストレートニュース』国家情報院、ベトナム虐殺調査私的文書…「国益害するおそれ」／『CBS노컷뉴스』국정원, 베트남학살 조사문건 비공개…"국가이익 해칠 우려"(2017-11-21)。https://nocutnews.co.kr/news/4880822（閲覧日：二〇二一年六月一一日）。

＊23：『ハンギョレ』「ベトナム戦争での韓国軍による民間人虐殺資料を公開せよ」最高裁で最終判決／『한겨레』[단독] 국정원 "대법 판결 따라 베트남전 민간인 학살 자료 공개하겠다"(등록：2021-03-26 수정：2021-03-26)。https://www.hani.co.kr/arti/society/society_general/988297.html（最終閲覧日：二〇二一年六月一一日）。

＊24：『ハンギョレ』4年の訴訟で引き出した15文字…韓国政府の「ベトナム戦争虐殺記録」保有を確認／『한겨레』베트남전 민간인학살 정보 공개하랬더니… 4년 만에 고작'열다섯 글자' 건 국정원（2021-04-10）。

＊25：『ハンギョレ』前掲、4年の訴訟で引き出した15文字…韓国政府の「ベトナム戦争虐殺記録」保有を確認。

＊26：『朝日新聞』歴史は生きている　東アジアの150年　第八章〈朝鮮戦争とベトナム戦争〉「韓国軍も企業もベトナム参戦」（二〇〇八年一月二八日、二九日）。

＊27：『中央日報』ベトナム訪問した李大統領、金大中・盧武鉉両氏は謝罪したが…／『중앙일보』"베트남 국민에 경의" MB는DJ·노무현과 다를까（2009-10-21）。

＊28：『ハンギョレ』文大統領「不幸な歴史について遺憾の意を表する」ベトナム民間人虐殺を謝罪／『한겨레』문 대통령 “불행한 역사 유감” 베트남 민간인 학살 사과（2018-03-24）。

＊29：『ハンギョレ』ベトナム戦争民間人虐殺被害者、韓国政府に対し初の国家賠償訴訟／『한겨레』베트남전 민간인 학살 피해자, 한국정부 상대 첫 국가배상 소송（2020-04-22）。

＊30：在日本大韓民国民団（＝民団）と韓国の国会議員の共催で、「日本国内の嫌韓の実態を知り、行き詰まった韓日関係の打開を模索する」ことを目的に、日本の出版物や映像が展示された。

主な参考文献・資料

【書籍・論文・レポート】

あ

・赤石晋一郎『韓国人、韓国を叱る―日韓歴史問題の新証言者たち』（小学館新書、二〇二〇年）
・阿奈井文彦『ベ兵連と脱走米兵』（文春新書、二〇〇〇年）
・有賀夏紀『アメリカの20世紀（下）―1945年〜2000年』（中公新書、二〇〇二年）
・石川文洋『命《ぬち》どぅ宝・戦争と人生を語る』（新日本出版社、二〇一二年）
――『戦場カメラマン』（ちくま文庫、二〇一八年）
・伊藤千尋『たたかう新聞―「ハンギョレ」の12年』（岩波ブックレット、二〇〇一年）
・伊藤正子『戦争記憶の政治学―韓国軍によるベトナム人戦時虐殺問題と和解への道』（平凡社、二〇一三年）
――「韓国軍のベトナム派兵をめぐる記憶の比較研究―ベトナムの非公定記憶を記憶する韓国ＮＧＯ」（『東南アジア研究』四八巻三号、二〇一〇年一二月）
――「韓国軍によるベトナム人戦時虐殺問題―戦争の記憶と和解」（『アジア研究』Vol.63 No.3, July 2017）一二一―一二九頁
・上田信『【図解】ベトナム戦争』（新紀元社、二〇一九年）
・梅田邦夫『ベトナムを知れば見えてくる日本の危機―「対中警戒感」を共有する新・同盟国』（小学館、

二〇二一年）
・大石芳野『ベトナムは、いま―十年後のベトナム戦争』（講談社文庫、一九八五年）
・岡村昭彦『南ヴェトナム戦争従軍記』（岩波新書、一九六五年）
――『続・南ヴェトナム戦争従軍記』（岩波新書、一九六六年）
・小倉貞男『ドキュメント―ヴェトナム戦争全史』（岩波現代文庫、一九九二年）
――『ヴェトナム 歴史の旅』（朝日選書、二〇〇二年）

か

・開高健『ベトナム戦記』（朝日文庫、一九九〇年）
・梶村秀樹『朝鮮史―その発展（新書東洋史⑩）』（講談社現代新書、一九七七年）
・川名晋史『基地の消長―1968－1973―日本本土の米軍基地「撤退」政策』（勁草書房、二〇二〇年）
・木宮正史「ベトナム戦争とベトナム特需」（日本貿易振興機構アジア経済研究所『韓国・台湾の発展のメカニズム』、一九九六年）二四三～二六七頁
・金賢娥（安田敏朗訳）『戦争の記憶　記憶の戦争―韓国人のベトナム戦争』（三元社、二〇〇九年）
・金栄鎬《キムヨンホ》「韓国のベトナム戦争の『記憶』―加害の忘却・想起の変容とナショナリズム」（『広島国際研究』11巻、二〇〇八年）一～三〇頁
・グェン・バン・ボン（高野功訳）『白い服―サイゴンの女子学生の物語』（新日本出版社、一九八〇年）
・小菅信子『戦後和解―日本は〈過去〉から解き放たれるのか』（中公新書、二〇〇五年）

さ

・佐野孝治「韓国経済へのベトナム戦争の影響―韓国における『ＮＩＥｓ的発展』の基礎形成」（慶應義塾経済学会『三田学会雑誌』Vol.84, No.4、一九九二年）
・宋基栄「米・韓安保同盟関係における韓国の自律的安保政策考察―第２次インドシナ戦の前期（１９６４年－67年）を中心に」（『立命館国際研究』二四巻三号、二〇一二年三月）

た

・ニック・タース（布施由紀子訳）『動くものはすべて殺せ―アメリカ兵はベトナムで何をしたか』（みすず書房、二〇一五年）
・チョ・ヒヨン「韓国の民主化運動、過去の継承、そして聖公会民主化運動資料館」（『大原社会問題研究所雑誌』№６７３、二〇一四年一一月）
・寺本実「ベトナムの国家機構改革―県、郡人民評議会不組織試行の論理背景」（日本貿易振興機構アジア経済研究所『アジ研ワールド・トレンド』、二〇一〇年一一月）三八～四五頁

な

・中村梧郎『〈グラフィック・レポート〉戦場の枯葉剤―ベトナム・アメリカ・韓国』（岩波書店、一九九五年）
・リチャード・ニクソン（宮崎緑、宮崎成人訳）『ノー・モア・ヴェトナム』（講談社、一九八六年）

・アレン・ネルソン『「ネルソンさん、あなたは人を殺しましたか?」―ベトナム帰還兵が語る「ほんとうの戦争」』(講談社文庫、二〇一〇年)

は

・S・ハーシュ(小田実訳)『ソンミ―ミライ第四地区における虐殺とその波紋』(草思社、一九七〇年)
・韓洪九(高崎宗司監訳)『韓洪九の韓国現代史―韓国とはどういう国か』(平凡社、二〇〇三年)
――『韓洪九の韓国現代史Ⅱ―負の歴史から何を学ぶのか』(平凡社、二〇〇五年)
・樋口健夫『ベトナムの微笑み―ハノイ暮らしはこんなに面白い』(平凡社新書、一九九九年)
・フイ・ドゥック(中野亜里訳)『ベトナム:勝利の裏側』(めこん、二〇一五年)
・藤本博「『ソンミ虐殺』の地におけるヴェトナム帰還米兵による『和解・共生』の試み――『マディソン・クエーカーズ』(MQI)と現地ヴェトナム・コミュニティ」(『立教アメリカン・スタディーズ』、二〇一六年三月)
・古田元夫「現在のベトナムにとってのベトナム戦争と米国」(東京大学大学院総合文化研究科附属アメリカ太平洋地域研究センター『アメリカ太平洋研究』14号、二〇一四年三月)
・ベトナム戦争の記録編集委員会編『ベトナム戦争の記録』(大月書店、一九八八年)
・本多勝一『戦場の村』(朝日文庫、一九八一年)

ま

・ロバート・S・マクナマラ(仲晃訳)『マクナマラ回顧録―ベトナムの悲劇と教訓』(共同通信社、一九九九

七年）
・三野正洋『わかりやすいベトナム戦争―アメリカを揺るがせた15年戦争の全貌（新装版）』（光人社ＮＦ文庫、二〇一九年）
・森類臣「『ハンギョレ』の報道姿勢の一考察―２００８年韓国・ろうそく集会報道から見る現状と課題」（立命館コリア研究センター『コリア研究』、二〇一〇年）五七～七四頁

や、ら、わ

・吉沢南監修『新聞集成　ベトナム戦争（上）（下）』（大空社、一九九〇年）
・李《リー》恵《ヘ》慶《キョン》「戦争・記憶・喪―韓国のベトナム戦争記念物と忘却のポリティックス」（大阪経済法科大学アジア太平洋研究センター『アジア太平洋研究センター年報』二〇一二―二〇一三）

英語、他

（英語）
・John Schlight “The War in South Vietnam : The Years of the offensive 1965-1968”（Univ Pr of the Pacific, 2002）
・Phạm Thành Công / Translator : Nhật Đan “THE WITNESS FROM PINKVILLE”（Công ty TNHH Văn Hóa Sáng tạo Trí Việt <First News>, 2016）

（韓国語）
・김현아“전쟁의기억 기억의전쟁”（책갈피 2002년）
・이동원“조금 다른 지구마을 여행 : 꼭 한번은 떠나야 할 스물다섯,NGO 여행”（예담, 2012년）

・고경태（高暻兌）"1968년 2월 12일 : 베트남 퐁니 퐁넛 학살 그리고 세계"（한겨레, 2015년）
・이길보라, 곽소진, 서새롬, 조소나"기억의 전쟁 : 기억이 되지 못한 그날의 이야기"（북하우스, 2021년）

（ベトナム語）
・Đọc sửa bản in : Phan Thanh Bình"LỊCH SỬ ĐẢNG BỘ XÃ HÒA ĐỒNG（1930-2005）"（ĐẢNG BỘ XÃ HÒA ĐỒNG, 2010）
・Sửa bản in : Phan Thanh Bình "LỊCH SỬ XÃ HOA MỸ"（ĐẢNG BỘ XÃ HÒA MỸ ĐỒNG / ĐẢNG BỘ XÃ HÒA MỸ TÂY HÒA MỸ, 2013）

【雑誌・冊子】
・「沖縄から伝えたい。米軍基地の話。Q&A Book」（沖縄県、二〇一七年版）
・『コリア評論』「資料　米上院外交委員会サイミントン委員会聴聞録（全文）上」（コリア評論社／民族問題研究所）一一七号、一九七〇年一二月、四二～五八頁
――「資料　米上院外交委員会サイミントン委員会聴聞録（全文）中」（コリア評論社／民族問題研究所）一一八号、一九七一年一月、四六～六三頁
――「資料　米上院外交委員会サイミントン委員会聴聞録（全文）下」（コリア評論社／民族問題研究所）一一九号、一九七一年二月、五五～五七頁
・『週刊文春』韓国人女性ジャーナリスト「祖国の罪を暴き『日本の手先』と罵られた私」（文藝春秋、二〇一四年一〇月一六日号）三八～四一頁

（韓国語）
・『한겨레21』아, 몸서리쳐지는 한국군! 1999년5월6일 제256호
――베트남의 원혼을 기억하라 1999년9월2일 제273호
――잠자던 진실, 30년만에 깨어나다 2000년11월15일 제334호
・『베트남참전47주년기념―베트남이주여성 가족초청 마음축제』
（대한민국베트남참전국가유공자전우회）2011
・『월남전참전 제49주년기념식 및 호국안보・다문화가정 지원 한마음행사』
（대한민국월남전참전자회）2013
・『월남전 참전 호국안보결의대회 및 다문화가정 지원 한마음대회 50』
（대한민국월남전참전자회）2014

【映像資料】
チョン・ジヨン監督『ホワイト・バッジ』（一九九二年）
エロール・モリス監督『フォッグ・オブ・ウォー――マクナマラ元米国国防長官の告白』（二〇〇三年）
キム・ジフン監督『光州5・18』（二〇〇七年）
スティーブン・スピルバーグ監督『ペンタゴン・ペーパーズ―最高機密文書』（二〇一七年）
チャン・フン監督『タクシー運転手―約束は海を越えて』（二〇一七年）
チャン・ジュナン監督『1987、ある闘いの真実』（二〇一七年）

韓国ドラマ『太陽の末裔 Love Under The Sun』（全16回）（二〇一六年）

Democracy Now!『ベトナムの「ソンミ虐殺」事件から40年』https://democracynow.jp/video/20080317-2 （最終視聴日：二〇二一年一月一五日）

【第52回しんらん交流館公開講演会２０１９／10／17（木）18：00～19：30　報道写真家　石川文洋さん】 https://www.youtube.com/watch?v=zb-AIy6COd0 （最終視聴日：二〇二一年二月一九日）

※そのほか、日本、韓国、ベトナム、米国の新聞記事、インターネット記事、官公庁のホームページなどを参考にした。

村山康文［むらやま・やすふみ］

1968年、兵庫県生まれ。フォトジャーナリスト。立命館大学夜間主文学部哲学科中退。1998年、報道写真家・石川文洋氏に出会い、「ベトナムで石川文洋写真展を見るツアー」に参加。その後、渡航を重ね、ベトナムの社会問題を主に取材。2007年と2009年に、ベトナムでの幅広い活動が評価され、ホーチミン市文化スポーツ観光局から表彰を受けた。著書に『いのちの絆―エイズ・ベトナム・少女チャン』（アットワークス）がある。

校正：円水社
地図・ＤＴＰ：ためのり企画
写真：村山康文
編集協力：及川孝樹

韓国軍はベトナムで何をしたか

二〇二二年 八月六日 初版第一刷発行

著者 村山康文
発行人 鈴木崇司
発行所 株式会社小学館
〒一〇一－八〇〇一 東京都千代田区一ツ橋二ノ三ノ一
電話 編集：〇三－三二三〇－五八〇〇
販売：〇三－五二八一－三五五五
印刷・製本 中央精版印刷株式会社

Printed in Japan ISBN978-4-09-825424-8